MW00944619

ANA PATRICIA STUMPO

AUTORA
Ana Patricia Stumpo
@nuevaonda.nuevamente

EDITORA EN JEFE
Andrea Vivas Ross

DIRECTORA DE ARTE
Raquel Colmenares Ross

DISEÑO GRÁFICO Y MAQUETACIÓN
Eylin Serrano

CORRECCIÓN DE TEXTO
Ana Karina Monrro

ASISTENCIA DE CORRECCIÓN
Bianca Schemel

FOTOGRAFÍA DE CUBIERTAS
Amol Mande

CASA EDITORIAL
PAQUIDERMO LIBROS
@paquidermolibros
paquidermolibros@gmail.com

PRIMERA EDICIÓN
Agosto, 2024.
EE.UU.

ISBN
979-8-336-49331-3

ANA PATRICIA STUMPO

Agradecimientos

A Dios, Creador, Dador, Padre eterno y perfecto.

A mis padres, ahora en el cielo, porque a través de ellos me fue dada la vida.

A mis hermanos, quienes me han enseñado a luchar por el amor fraternal y a ser más resiliente.

A mi esposo, porque gracias al matrimonio, pude comprender emocional y espiritualmente el significado del perdón.

A todos mis familiares, amigos y amigas, que han formado y forman parte de mi vida interior como ser social, y a todos aquellos que han orado por mí, para que este proyecto sea hoy una realidad.

A cada uno de los estudiantes y pacientes que me han enseñado a escuchar los corazones y necesidades, de una manera más humana, en toda oportunidad compartida.

A J. C. G., sin su ayuda, este libro no hubiera sido posible.

A mi editora, Andrea, por su sensibilidad y capacidad perceptiva, para recibir el mensaje que quería transmitir como escritora.

Los amo entrañablemente.

Tabla de contenido

El libro se divide en tres grandes partes:

PARTE 01

Mi primera Voz

Quién soy como persona

Quién soy como persona y de dónde vengo

Conformación familiar

Soy la segunda hija de cinco. Tengo un hermano mayor y tres hermanas menores. Nací en Venezuela, de la unión de un inmigrante italiano y una mujer venezolana. Le debo mi nombre, Ana Patricia, al acuerdo de mi papá y mi mamá de combinar los nombres de la abuela paterna y materna. Y por si fuera poco, mi mamá fue devota de la virgen de la ciudad, la Divina Pastora, y me agregó un tercer nombre: Pastora, nombre que no uso y no me agrada mucho, pero que hoy entiendo el sello espiritual que Dios puso en mí a través de dicho nombre.

Es decir, mi ADN tiene una interesante combinación que me hace ser tímida y apasionada a la vez, testaruda y perseverante, visionaria y, al mismo tiempo, alguien que puede tomarse más tiempo del razonable para tomar una decisión de cambio. En este sentido, puedo compartir mi propio impacto al ser una inmigrante (¿o emigrante?) que nunca se planteó dejar su tierra natal, pero que ahora, en su edad adulta, le tocó tomar riesgos que no pensó que algún día tomaría.

Crecí con todas mis necesidades materiales cubiertas. Mi papá, como todo inmigrante de los años cincuenta y sesenta en mi país, se esforzó hasta el final para que tuviéramos todo lo que necesitábamos: amor, alimento, techo y comida, elementos que él escasamente tuvo por los cuales le tocó emigrar. Él fue un hijo de la Segunda Guerra Mundial, un gran guerrero a lo largo de su vida, que ahora duerme en la eternidad. Mi mamá es uno de los corazones más nobles que he conocido, con una sensibilidad espiritual especial de la cual creo que cada uno de nosotros, mis hermanos y yo, llevamos en nuestra piel y en nuestro corazón. También ella ahora duerme en la eternidad.

Mis padres, mis hermanos y mis abuelos

Si tuviera que resumir, en pocas palabras, la herencia de nuestros padres, diría que de ambos heredamos el amor y la responsabilidad al trabajo como algo digno, el significado e importancia de la unión familiar y el respeto de los unos por los otros. Si lo individualizo, creo que de mi papá heredamos la pasión y visión por un trabajo bien hecho; y de mi mamá, la sensibilidad de espíritu, la nobleza de corazón y el amor por la familia: hermanos, primos, tíos, abuelos y todo lo que esos vínculos representan en la vida de un ser humano.

Decía que crecimos con todo. Sin embargo, mi infancia estuvo rodeada de nanas que nos cuidaban porque papá trabajaba en exceso y viajaba por el país por razones de trabajo, y mi mamá trabajaba como profesora de Bachillerato en un liceo público de la ciudad. Tuvimos todo. No obstante, aunque materialmente no nos faltó nada, no es igual crecer con mamá presente que con una nana (por más especial que haya sido) como las que tuvimos.

Siempre he pensado que en nosotros, como hermanos, hay dos generaciones: los tres mayores y las dos últimas, lo cual, aunque no queramos, nos hace muy diferentes emocional, espiritual y socialmente. Entre mi hermano mayor y yo hay cuatro años de diferencia; entre la hermana que me sigue y yo, un año y nueve meses. Quiere decir que, por varios años, fui la hija sándwich. Luego, pasaron cinco años; y luego tres, y vinieron mis hermanas menores.

Nosotros, los que nombro como los tres primeros, tuvimos más ausencia de papá y mamá que las dos últimas. Por ejemplo, entre mi hermana menor y yo hay diez años de diferencia, y aunque eso no cambia nunca el amor entre hermanos, produce enfoques y visiones de vida muy diferentes, a pesar de que tengamos los mismos valores familiares que nos acompañan.

Al final, es más importante el amor que las diferencias.

Por crecer en un hogar multicultural (ítalo-venezolano), como muchos venezolanos, estuvimos rodeados de sabores combinados. Recuerdo claramente cuando mi papá viajaba a la capital por varios días y mi mamá decía: "estos días aprovecharemos de comer caraotas negras[1] que papá está de viaje". A mi papá le encantaban las cachapas,[2] pero los frijoles negros nunca los pudo comer. Decía que le producían algo desagradable a su vista.

En fin, recuerdos de mi infancia que marcaron mi vida. Por supuesto, tampoco faltó la sazón italiana que mi mamá aprendió muy bien con mis tías paternas (en aquel tiempo, tres en Italia y dos en Canadá). Además, mi mamá tenía facilidad para los idiomas y aprendió a hablar, leer y escribir el italiano "perfectamente". Hasta aprendió el dialecto de mi papá del sur de Italia. Eso también hizo que los tres primeros creciéramos escuchando ambas lenguas en casa, español e italiano, y aunque no lo hablábamos, siempre escuchábamos a papá y mamá hablarlo. Hoy en día, tenemos el manejo de ambas lenguas de manera bien fluida.

Dios nos dio la oportunidad, estando pequeños, de que pudiéramos viajar a ambos países (Italia y Canadá), ya que visitábamos a la familia paterna. En otras ocasiones, nos quedábamos con la abuela materna porque no podíamos ir todos.

---

[1]. Frijoles negros.

[2]. Tortilla de maíz (plato típico de mi país).

Los tres primeros tuvimos la dicha y la oportunidad de conocer a los *nonnos* (abuelos paternos). Yo tenía nueve años cuando ambos fallecieron. El *nonno* Antonio se fue muy joven como consecuencia del sufrimiento de la guerra. Le tocó trabajar en minas por muchos años y eso deterioró sus pulmones. La abuela Marianna se fue tres días después de él. No resistió su ausencia.

Con respecto a mi familia materna, con la que crecí la mayor parte de mi vida, mi abuelo materno falleció cuando yo tenía un año. De él tengo un vago recuerdo en mi memoria, sumado a las fotos que la abuela nos mostró a todos en los diferentes momentos que compartíamos. Él también se fue joven. Sin embargo, tuve una abuela longeva que dejó este mundo a los ciento cuatro años. Fue un gran personaje, leyenda familiar, llena de anécdotas, valores firmes y muy determinada como persona. Cuando se fue de este mundo, supe que en su cuadra la llamaban "El roble de la cuadra". Todo el tiempo tenía una sonrisa que la caracterizaba y una chispa artística; y de excelente sentido del humor. Además, de una fe inquebrantable. Le dio tiempo de dejarnos tanto, que, de alguna manera, escribiendo estas líneas, me doy cuenta de que cubrió el vació de los demás abuelos que se fueron temprano.

Ahora que hago este ejercicio de escribir, no pensé que tendría tantas memorias importantes que marcaron mi infancia de manera tan determinada en diferentes ámbitos de mi vida. Por ejemplo, mi amor por la lectura comenzó a los nueve años. Inicié investigando temas de anatomía humana en una enciclopedia. Ustedes dirán: ¿qué lleva a una niña de esa edad a investigar sobre el cuerpo, su biología y su forma? A continuación, se los comparto.

Mi niñez

Fui una niña enfermiza. A muy corta edad, dos años, mi mamá descubrió que sufría de infección urinaria y, a partir de ese momento, comenzaron exámenes y exámenes de todo tipo para poder descartar lo que me ocurría. Desde entonces, hasta aproximadamente nueve o diez años, cada cierto tiempo me hacían un examen llamado "urografía".

En aquella época, era el único examen a través del cual se podían ver los riñones. Físicamente, era muy agresivo, ya que los doctores me tenían que agarrar de manos y pies para poder llevarlo a cabo. Era doloroso y colocaban una sonda en la uretra.

La verdad, mi intención no es recrear esta descripción porque no es el propósito de este recuerdo, pero luego entendería que esos eventos marcaron mucho mi vida en general, porque quedaron grabados en mi cuerpo y en mi mente como violaciones recurrentes. Eso lo descubriría como adulta, años después de ser psicóloga.

Por esa razón, estudiar medicina se convertiría en un objetivo firme en mí. Cuando leía las enciclopedias, le decía a mi mamá que, cuando fuera grande, iba a ser médico riñonera para curarme mis riñones. Me tocó crecer con dietas específicas sin sal y tomando agua de cebada con limón como el agua que debía ingerir.
A los catorce años, el urólogo que me veía desde pequeña me dijo que ya estaba sana y que podía tener una vida normal.

Mi adolescencia

Como para muchos, etapa difícil, de cambios importantes y profundos. Me tocó vivir las consecuencias de la dedicación al trabajo de papá y mamá.

Cuando tenía siete años, nació mi segunda hermana. Recuerdo que escuché que tanto ella como mamá estuvieron en peligro de muerte y creo que fue por eso, y porque mi papá ya estaba más estable económicamente, que mi mamá dejó de trabajar en la docencia y empezó a dedicarse completamente al hogar. Sin embargo, ya los primeros siete años donde se forma la personalidad, tenían sus fundamentos en mí (hablaré un poco más de eso en mi capítulo como psicóloga).

Retomando mi adolescencia, recuerdo los retos y contratiempos de la época, y aunque siempre tuve todo materialmente, como he comentado, crecí sintiéndome muy sola; tal vez porque crecimos en una casa de dimensiones muy grandes y con nanas, o porque nos tocó tener una mamá primeriza y recibimos, a través de diferentes situaciones, maltratos físicos y castigos que mi hermana (que me sigue) y yo no entendíamos.

Así está grabado en mí. Quizás en ella también de la misma manera. Creo que a mi hermano mayor le pasó algo parecido con mi papá, y aunque los varones viven las cosas diferentes a las hembras en la adolescencia, al final, los mismos vacíos y necesidades emocionales no cubiertas afectan tanto afectiva como emocional y socialmente.

A los catorce años, me tocó vivir la separación de mi hermano (que tenía dieciocho), porque mi papá decidió enviarlo a Estados Unidos a estudiar inglés. Luego, a mis diecinueve, mi hermana, la que me sigue, se fue a Italia a estudiar y se quedó. Hoy me doy cuenta de cómo las circunstancias nos marcan la vida de tantas maneras inimaginables. Ahora puedo entender más a mi mamá, que le tocó vivir, tal vez, una distancia prematura con dos de sus hijos. Quizá suena algo dramático, pero creo que así lo vive una madre latina: les cuesta más desapegarse de los hijos que crecen. También me puedo dar cuenta de que fueron separaciones que me afectaron y no las había elaborado completamente hasta hoy, que las estoy escribiendo.

Recordando esos tiempos, hubo algo que también marcó mi vida; y es que mi papá, creo que sin darse cuenta, quiso sustituir la ausencia de mi hermano asignándome algunas

tareas masculinas y, al mismo tiempo, buscando compartir conmigo. Jugábamos fútbol juntos y me pedía que lo ayudara y acompañara cuando hacía algunas labores de mecánica en los carros de la casa. Dicho aprendizaje no estaba de más, pero fue en una etapa importante en la que yo necesitaba un modelo femenino que me enseñara a ser mujer.

Pienso que, a raíz de eso, se empezó a crear una ambivalencia en mi vida, y en ese tiempo, inicié clases de ballet en una academia que fundó una de mis tías maternas; pero también jugaba básquetbol en el colegio. Eso duró varios años, aproximadamente desde los catorce hasta los diecisiete, años trascendentales en la formación de la identidad en un adolescente.

También recuerdo otro evento importante a mis catorce. Había estudiado piano desde los siete, mi pasión, pero a los catorce decidí dejarlo y nunca le dije a mi mamá la causa. El profesor de piano quiso abusar sexualmente de mí varias veces y la solución fue decirle a mi mamá que ya el piano no me gustaba. Ella no lo entendió, pero tampoco insistió, porque de algún modo, yo estaba en un punto de mi escolaridad que requería de mi dedicación, por lo que decidí drenar toda mi tristeza y frustración a través del básquetbol y el ballet. Ahora entiendo que fue en ese período donde concebí muchos de mis miedos e inseguridades que me acompañarían por un buen tiempo de mi vida.

Esa fue una de las épocas de mi vida en la que también, inconscientemente, fueron sembradas muchas decisiones erradas que tomé, decisiones que les iré compartiendo a medida que sigo avanzando en mi relato biográfico, el cual me impacta a mí misma, ya que nunca pensé que mi primer libro daría este giro. Sin embargo, ahora que lo estoy haciendo de este modo, puedo ver que mi escritura ha fluido mucho más y que el sentido de lo que quiero transmitir y continuar compartiendo, tomando un mayor sentido del propósito que tiene este libro para mí.

Haciendo estas "memorias" o "relatos", estoy recordando y descubriendo que, en mis catorce años, sucedieron cosas muy importantes, además de lo que ya les he contado. A mis catorce años tuve mi primera experiencia espiritual. Así la entendí al ser más adulta, leyendo diferentes libros sobre temas espirituales. Fue una visión muy fuerte, como que salía de mi cuerpo y podía ver lo que me rodeaba desde afuera. Fue como un viaje en otra dimensión, algo que no es fácil de explicar, pero sé que hoy en día es mucho más sencillo que en mi época, hace cuarenta y tres años.

Otra vivencia a esa edad, fue mi desarrollo, lo que llamamos dejar de ser niña para ser mujer (biológicamente hablando), momento importante y trascendental para toda "niña". Recuerdo que mi mamá estaba de viaje en Italia con mi papá. Además, recuerdo que la extrañé mucho en ese momento. Sin embargo, tenía a mi abuela cerca de mí y a mis tías

maternas, quienes se encargaron de que yo estuviera guiada, acompañada y protegida en ese momento tan importante.

A mis catorce años también me enamoré por primera vez, sin imaginar que, treinta y tres después, nos reencontraríamos para hacernos marido y mujer.

Dios, la vida y sus vueltas nunca nos dejan de sorprender.

Llegaron los quince y mi papá se empeñó en querer regalarme una fiesta de quince años que la verdad, para mí, era indiferente. Creo que la fiesta fue más para él, para mostrarme a la sociedad.

Creo que como fui enfermiza y solitaria, para mí no era muy cómodo mostrarme en público. Sin embargo, se logró el objetivo y de pronto, sin saber exactamente ni cómo ni cuándo, tuve un cortejo de catorce parejas guiado por mi tía bailarina; y después de todo, no puedo negar que fue una hermosa fiesta. Recuerdo el vals bailado con mi papá, con uno de mis tíos y con mi hermano, que vino de visita de Estados Unidos para estar en mi fiesta. Fue un evento que reunió un buen grupo de amistades, familiares y recuerdos bonitos de los ensayos que compartimos para que todo quedara “a la altura” del sueño de mi papá.

Adolescencia: inicio de la adultez

Continuando con la edad y mi proceso, entre los diecisiete y los veintiuno pasaron también cosas importantes, porque ya era el momento de decidir qué carrera universitaria escogería para ingresar a la universidad.

Tenía tres carreras en mente que me atraían y los tests de orientación vocacional arrojaban resultados interesantes: Medicina, Psicología y Comunicación Social. Recuerden que quería ser médico "riñonera".

La psicología apareció porque quería entender y saber el por qué de la conducta humana. Desde niña, me hice muchas preguntas de por qué nos comportábamos como lo hacíamos, aunque igual relacionaba eso con el cerebro y pensaba que tenía que estudiar neurocirugía o neurología. En fin, fue interesante lo que aconteció en el transcurso de mi proceso de decisión universitaria, ya que transcurrieron cinco años desde que me hice bachiller, hasta que definiera mi decisión por la psicología y entrara a la universidad.

En aquel tiempo, mi papá me dijo que yo era la responsable de sus conflictos con mi mamá, y eso, para un adolescente, es algo muy fuerte y poco comprensible.

Pienso que por eso mi rebeldía terminó saliendo a flote en muchos sentidos. Mis calificaciones en el preuniversitario se fueron a pique y no me importaba nada. Empecé a fumar y a consumir alcohol socialmente con cierta frecuencia.

En medio de ese caos, tuve un sueño que compartí con mi mamá y ella lo creyó y lo compartió con mi papá.

Pues ese sueño se convirtió en realidad, y a mis veinte años me estaba montando en un avión, rumbo a Canadá, para estudiar inglés. Tuve esa gran oportunidad, no solo de estudiar inglés, sino de compartir por ocho meses con parte de mi familia paterna: dos tías y diez primos. Fueron los ocho meses más significativos en mi vida después de ese caos adolescente por el que pasé, por el que cada adolescente pasa de diferentes modos, pero que, al final, es parte de la vida.

Para aquel entonces, tuve la motivación de quedarme en Canadá a estudiar y a vivir, pero mi llamado estaba en mi país de origen, Venezuela, y las condiciones no estaban dadas para quedarme, así que regresé a continuar mi camino. Nunca imaginé que el conocimiento del inglés sería útil en mi vida más de treinta años después. Eso me confirma que, bajo la mano poderosa de Dios, no hay cabos sueltos y que Él se vale de todo lo que hemos vivido para que su propósito en nosotros se cumpla.

En Canadá cumplí mis veintiún años y dejé amistades hermosas de diversos países (Japón, Colombia, Venezuela, Italia, México, Costa Rica...) que logré mantener, a través de cartas, por varios años. Entre esas amistades, había una psicóloga mexicana con la que estaba en el curso de inglés. A través de ella y de su orientación, entendí y me convencí de que mi carrera universitaria sería la psicología. Oficio y pasión que me ha acompañado durante treinta y dos años de mis cincuenta y nueve de vida.

Amigos y vida social

Me doy cuenta de que he relatado buena parte importante de mi vida personal y dejé de lado mi dimensión social y afectiva-amorosa. Pienso que tiene que ver con la inseguridad y falta de confianza en mí misma que acompañó mi vida por mucho tiempo. Creo que vinculo ese hecho con el recuerdo de diferentes burlas que recibí en mi infancia y pubertad acerca de mi comportamiento y mi físico. Al terminar la primaria, donde estaban consolidadas, de alguna manera, las amistades de la infancia, nos cambiaron de colegio.

Recuerdo que mis padres tomaron esa decisión por problemas que presentó la institución escolar en esa época, y decidieron inscribirnos a mi hermana y a mí en un colegio solo de hembras. No fue una decisión compartida con nosotras. Fue una decisión unilateral que, estoy segura, nos afectó mucho socialmente a las dos, ya que en esta etapa tan importante, como lo es la adolescencia, mayormente compartíamos solo con nuestro mismo género.

De cualquier modo, aún conservo una amistad muy importante nacida en el bachillerato; y las que se sumaron luego a mi vida y a mi etapa universitaria. Todas y cada una importantes, porque

cada una ocupa un espacio especial dentro de mi interior: tímida, ensimismada, apasionada, determinada, profunda y complicada.

Estoy segura de que Dios es nuestro gran Creador, y su pincel es multicolor y multiforme, y permite que hagamos conexión con todas las partes de nuestro ser. Pero también pienso que es imposible que esa conexión se dé a través de una sola persona. Por eso, nos rodea de diferentes tipos de personas, que de seguro nos van complementando a lo largo de toda nuestra vida emocional, social y espiritual.

Mi concepto sobre la amistad

Para mí, la amistad, después de la familia, es uno de los vínculos más importantes para la vida de un ser humano. Amigos, para mí, representan un árbol de raíces profundas y fuertes, que nos cobija con su sombra en todo momento y que va fortaleciendo sus ramas a medida de las diferentes circunstancias que nos toca vivir; pero que, en medio de esas circunstancias, lo nutrimos con confesiones, desahogos, acompañamientos mutuos de amor, respeto, vivencias serias, jocosas, fuertes, dolorosas, vivencias de todo tipo que se pueden catalogar como tempestades; y también días hermosos y soleados, con vientos frescos, que dan refrigerio a nuestra alma.

No puedo entender la vida sin la amistad. Aunque hoy en día me ha tocado agregar nuevas formas, porque creo que le emigración produce un cambio social muy fuerte en el interior de un ser humano; y de alguna manera, nos ha tocado reinventarnos social y culturalmente de muchas formas, y nos ha tocado aprender a regar los árboles en la distancia y a sembrar árboles nuevos en ese jardín social que es la vida, o bien a fortalecer las ramas que ese mismo árbol de la vida social ha producido en el tiempo.

No es fácil sostener el árbol de la amistad. Sin embargo, el esfuerzo vale la pena, porque los amigos son los hermanos que escogemos por nosotros mismos en el caminar de la vida.

Mi vida afectiva

En cuanto al descubrimiento del amor en mi adolescencia, recordando que les conté, sin saberlo en aquel entonces con claridad, que a los catorce me enamoré de quien hoy es mi esposo, mi conexión afectiva fue más turbulenta de lo que hubiera querido o pensado. En realidad, a veces siento y creo que bastante atropellada, por lo mismo que les conté con respecto a lo enfermiza que fui en mi infancia y a mi dificultad para interactuar con el sexo opuesto. La verdad, no fue igual que la de una adolescente que comparte frecuentemente con varones y hembras en un colegio, mientras crece socioemocionalmente.

Estoy convencida, sin duda alguna, de que eso generó niveles de inseguridad, desconfianza o temor para acercarme confiadamente a la figura masculina. Sin embargo, tuve la

experiencia de tener amigos especiales, solo que fueron efímeros, aunque tuve la oportunidad de esos acercamientos.

Vida universitaria e inicios de ejercicio de la profesión

Iniciando mi etapa adulta (a los veintidós años), ingresé a la universidad como estudiante residente. Es decir, me tocó mudarme de ciudad porque en mi ciudad de origen, Barquisimeto, no había la carrera de Psicología para aquel entonces.

Fueron cinco largos años, que luego que los pienso y recuerdo, pareciera que pasaron superrápido. Todos los que hemos pasado por la universidad, valoramos muchas cosas que quizá otros no pueden valorar por no haber vivido la experiencia. Retos, éxitos, fracasos, altos y bajos, trasnochos, aprendizajes, amistades, todas y cada una de esas experiencias, atesoradas en nuestro ser y en nuestros recuerdos de manera especial. Así lo creo.

Aquí hubo una combinación de logros, vacío emocional, decisiones afectivas erradas y confusiones manifiestas.

La vida universitaria, para quienes la hemos vivido, termina siendo una aventura, además de dejar grandes experiencias y profundos aprendizajes, tanto académicos como de vida. No sé con qué compararlo, pero vale la pena caminar ese puente. ¡Tal vez por eso se llama "carrera"!

Es un puente que estimula tus capacidades de abstracción. Tu visión, a largo plazo, alimenta tu vida social, estimula tus miedos e inseguridades; a veces, te arropa o atropella, dependiendo del entorno o las circunstancias.

De cualquier modo, lo que allí queda y te marca es la disciplina sostenida por un período largo de tiempo; la esperanza de un logro luchado con debates, discusiones, decepciones, éxitos y fracasos; el descubrimiento de tus habilidades sociales y de tus limitaciones emocionales. La fuente de los sueños que se van sembrando, como semillas en tu corazón, indicando hacia dónde podrás ir o qué irás a hacer luego de esa gran meta alcanzada.

Dios nos da una personalidad y no todos nacieron para asumir, o incluso disfrutar, la vida universitaria. Y si además hacemos la comparación de los estudios universitarios de hace treinta y un años con los de ahora, aún nos toca comprender la brecha tan amplia y los cambios globales que hemos vivido en esos treinta y un años para darnos cuenta de cómo han cambiado los tiempos. Todo un proceso, toda una historia de métodos, estrategias, motivaciones y modos de ver y asumir la vida.

En este sentido, no es fácil sostener, mantener o enfocarse en una relación amorosa sólida o estable en el período de estudios universitarios. Aunque algunos lo logran, debemos reconocer que la vida universitaria es absorbente y demandante. Es un fuerte compromiso para aquellos que escogimos ese puente como parte

de nuestra vida, como parte de las creencias que han influido en personas como yo que hemos pasado por ese camino.

De algún modo, la carrera universitaria se convierte en una especie de matrimonio, ya que escogemos el oficio que decidimos ejercer para el resto de nuestra vida. Sin embargo, al año de haber empezado la universidad, me enamoré profundamente de alguien, con quien tuve una relación muy efímera e intensa a la vez.

Daría, como resultado, una fuerte y profunda decepción amorosa, la cual me costó mucho superar, y eso me llevó a perder totalmente la confianza en el amor.

Fue como la gota que derramó el vaso de las decepciones que ya había vivido, y ese hecho cambió mi vida afectiva por más de diez años. Luego me enfocaré más profundamente en este evento de mi vida, ya que deseo desarrollarlo más adelante.

De algún modo, esto completó mi entrega casi absoluta a mis estudios, que, además, de acuerdo con la época y la edad que ingresé a la universidad, era muy adulta para el momento y para la mente de mis padres.

Llegó el día de la graduación y, junto con él, una suma de sensacionesqueconscientementenuncahabíaexperimentado. Nostalgia, tristeza, incertidumbre, inseguridad, vacío; y la emoción, alegría y orgullo de mi familia por la meta alcanzada. Sin embargo, había una gran pregunta en mí: después de estos cinco años fuera de mi ciudad natal y de mi vida familiar, ¿qué viene?, ¿cómo voy a iniciar esta nueva carrera de la vida?

Mi formación profesional: trabajo, trabajo y más trabajo

Mi vida profesional está dividida en varias etapas y, aunque desarrollaré los aspectos de crecimiento personal y profesional combinados en la segunda parte de este libro, trataré de plasmar aquí, con el propósito de abrir mi corazón y mi ser interior, las situaciones emocionales y laborales que para mí son las que producen las líneas divisorias de cada período; líneas muy sutiles, tal vez poco perceptibles a la vista de otros, pero al fin y al cabo vivencias que fueron alimentando y caracterizando los diferentes procesos de mi vida personal en los diferentes momentos.

Era una profesional pujante, luchando día a día con los retos que se me presentaban de manera "perfecta y ordenada". Pero en un momento descubrí que estaba cansada, física y mentalmente, porque mi vida interna no tenía nada que ver con la Ana Patricia que salía a trabajar y cumplía cabalmente con su trabajo, aparentemente "sin importar lo que pasara a mi alrededor".

Sin darme cuenta, fui perdiendo la conexión con mi vida familiar. Aún conservaba mis amistades cercanas, pero vivía un día a día interno solitario, triste y vacío.

Mi vida afectiva estaba hecha un desastre, y me di cuenta de que era como si me hubiera casado con mi carrera, pero no había pensado en formar un hogar o una familia. Tuve relaciones afectivas intensas y desordenadas. Les había contado que tuve una fuerte desilusión amorosa al inicio de mis estudios en la universidad.

Después de eso, me refugié por varios años en una relación amorosa muy tóxica, sin una verdadera proyección a formar una familia. Y a pesar de que duró años, no fue una relación ni sólida, ni consistente. Más bien creo que fue como una tabla de salvación, sin saberlo. Sin embargo, me cansé de fingir y mentir, haciendo creer a mi familia y amigas que todo estaba bien.

De eso me di cuenta cuando descubrí, entendí y acepté que estaba deprimida; y ese hecho me llevó a abandonar mi carrera por aproximadamente cuatro años. Me dije a mí misma que no tenía sentido ser una psicóloga deprimida. Fue entonces cuando, a partir de allí, comencé un viaje muy profundo a mi interior, que en total duraría doce años, pero que de allí surgiría la persona que hoy soy; y sé que hasta que me vaya de este plano, seguiré cambiando y siendo transformada por la mano poderosa de Dios.

Depresión: búsqueda personal

Por supuesto, ese viaje no lo hice sola. Entre las diferentes búsquedas terapéuticas, me topé con profesionales muy especiales que me acompañaron progresivamente a salir del hueco en el que había estado por mucho tiempo de mi vida, sin saberlo.

Me tocó tomar fármacos para la depresión, lo cual acentuaba la idea de que por eso no tenía derecho a ser psicóloga. Sin embargo, por ser amiga de la medicina natural y de las terapias alternativas, tuve la oportunidad de conectar con opciones terapéuticas que fueron de gran ayuda para mi proceso de recuperación. Siento que fui muy bendecida por todos esos profesionales que fueron labrando la tierra que había estado árida por mucho tiempo en mi interior.

Paralelamente, este proceso estuvo acompañado de algo que cambiaría mi vida por completo. Comencé a asistir a la iglesia cristiana y conocí un Dios diferente al que me habían mostrado. Estoy segura de que, sin Dios, yo no podría estar contando hoy esta historia que puede ayudar a muchos desesperanzados en algún momento.

En esos cuatro años sin ejercer la carrera, tuve un período casi de dos años dedicado exclusivamente a mi terapia personal. Allí descubrí todo el dolor que había guardado de mi infancia y de mi adolescencia, y que no sabía que todavía me acompañaba.

En ese tiempo, no leí más libros de psicología. Mi cansancio mental y emocional era mucho, y estaba saturada. Entonces decidí aceptar la oferta de mi papá de trabajar en la empresa

familiar y dedicarme a encontrarme desde otra perspectiva. Mi papá, sin decírmelo, supo lo deprimida que estaba, y estoy segura de que Dios usó esa estrategia, no solo para que me encontrara conmigo misma, sino también con mi familia.

Reencuentro interior

Después de esos dos años, recuperé fuerza interior. Tenía dos años asistiendo a la iglesia y ya comenzaba a vivir de nuevo (emocional y espiritualmente), solo que ahora con una conciencia diferente. Ahora conocía un poco la palabra de Dios y el aliento que esta produce en un corazón herido.

Fue como un despertar a una nueva conciencia emocional, mental y espiritual. Es como si hubiese empezado a aprender a caminar de nuevo. Comencé a aprender lo importante, que es ser flexible con uno mismo y con los demás. No sabía lo dura que había sido conmigo misma. Creo que tenía que ver con los niveles de exigencia que recibí de mis padres en mi crecimiento.

Poco a poco, fui identificando partes de mí que estaban dormidas, como mi necesidad de compartir en familia los domingos.

En los años de estudio, quizá porque estudié lejos de mi ciudad y mi familia, me había acostumbrado a estar sola la mayoría de los domingos, o a veces acompañada con algunos amigos de la universidad. Me había acostumbrado a estar "conmigo misma" o escondida de la sociedad y de mi familia. Ese hábito de estar sola o escondida me lo llevé cuando regresé a mi ciudad natal; y sin darme cuenta, la manera de protegerme del entorno y de dar explicaciones acerca de mi vida personal, fue llenarme de trabajo, trabajo y más trabajo.

Por eso, me convertí en una excelente profesional, pero al mismo tiempo en una persona introvertida y aislada en mis ratos libres. Allí surge la conexión con la depresión y con la incongruencia de mi vida. Y entendí que quería aprender a ser feliz y a sentirme libre, pero de pronto mi vida se detuvo y no sabía cómo empezar de nuevo.

La forma en que me di cuenta de mi estado emocional fue a través de un ataque de pánico; y cuando fui al cardiólogo y me dijo que no tenía nada, me ocurrieron dos cosas: me molesté y me asusté. Fue más susto que molestia y, en esa manifestación, fue cuando empezó el verdadero viaje interior hacia mi sanidad personal.

Continuando con el relato de mi nuevo despertar, después de los dos años continuos de terapia, comencé a conectarme con un nuevo ánimo y nuevas motivaciones. Es decir, como estaba en la empresa familiar, decidí hacer una especialización en Gerencia de Recursos Humanos. Mi autoestima estaba un poco más fortalecida y comenzaba a tener la capacidad de tomar decisiones nuevamente.

De alguna manera, entrar nuevamente al ambiente universitario produjo un clic positivo. Me reconecté con mi amor por el estudio, que de algún modo tuve desde niña, sin saberlo. Pienso que también fue un poco imitando a mi mamá, a quien vi estudiar y enseñar durante mis primeros siete años de vida. Ella fue una apasionada del aprendizaje y de la enseñanza, y creo que mi amor por el estudio y la enseñanza lo heredé y lo aprendí con ella.

Ingresé a la universidad nuevamente para estudios de postgrado. Era para dos años que se convirtieron en cuatro, pero igual bien disfrutados en toda su extensión. Cabe destacar que, simultáneamente, mantenía mi asistencia a mi programa terapéutico personal, el cual cada día cobraba más sentido y me daba más fuerza interior; aunque no niego que a veces me parecía muy largo el proceso. Sin embargo, lo asumí como parte de mi vida por doce años, entendiendo que, en esos cuatro años de estudio de posgrado, sucedieron cosas trascendentales para mí en diferentes sentidos, las cuales quiero compartir.

Al terminar el primer semestre de la especialización, la profesora de *Teorías de la Administración* sembró en mí una semilla que continuaría produciendo cambios en mi vida y que hoy entiendo que también fue parte de la estrategia de Dios. Recuerdo claramente cuando me preguntó qué hacía yo estudiando Gerencia de Recursos Humanos en lugar de maestría en Educación. Mi primera respuesta fue decirle que estaba vieja para estudiar educación. Para ese entonces, tenía treinta y ocho. Ella no pudo ocultar su cara de sorpresa y simplemente, con una voz determinada, me dijo: "en cuanto puedas, haz tu diligencia para entrar al Pedagógico a realizar el diplomado en Docencia. Solo basta verte en escena en una clase para saber que ese es tu talento más fuerte. No debes dejar de hacerlo".

Fui obediente, impulsiva e intuitiva, y a la semana siguiente estaba averiguando esos estudios. Uno de los dos cupos que quedaban era el mío. Todas las puertas se abrieron, y a los quince días estaba con dos postgrados simultáneos. Los lunes y los martes en la noche iba al Pedagógico; y los viernes en la noche y sábados, iba a la universidad a continuar la especialización.

Todo eso lo pude hacer por razones muy importantes. Trabajar en la empresa familiar me daba la flexibilidad que necesitaba para sobrellevar la carga académica de ambos estudios; y, lo mejor aún, nada me chocaba con mi horario de mi proceso terapéutico personal, el cual ya formaba parte importante de mi agenda personal-emocional y de mis prioridades.

Al año de ese ritmo de trabajo y estudio, tuve un pequeño colapso físico. Era lógico, me agoté, pero esta vez tuve más herramientas para manejarlo. Congelé mis estudios de especialización para poder terminar mejor el de Docencia, que era más corto, y gracias a Dios logré la meta. Para ese momento, mis niveles de seguridad emocional y personal eran ya más sólidos y consistentes.

Habían pasado cuatro años de mi depresión. No necesité más medicamentos (los cuales usé por promedio de un año).

Nuevas rutas, nuevos senderos

Sorpresiva y agradablemente, otras puertas se comenzaron a abrir, puertas a la docencia y nuevamente al ejercicio de la psicología.

Ambas propuestas me movieron un poco el piso. Sin embargo, me tomé el tiempo para pensarlas y digerirlas, hasta tomar nuevos rumbos y nuevas decisiones.

Vale decir que una de las cosas que descubrí, mediante mi proceso personal, era que tenía un gran miedo escénico y que esa había sido una fuerte razón inconsciente por la que rechazaba todo lo relacionado a exponerme, a enseñar o a exponerme en público.

Antes del diplomado, llegué a enseñar en diferentes institutos educativos, pero lo hacía de forma intermitente, porque cada vez que entraba a un salón de clases, se manifestaba en mí un cuadro nervioso muy fuerte y no sabía por qué. Todo eso fue superado en conjunto con la terapia personal y el diplomado en Docencia. Esta vez, mi pasión por la enseñanza tendría un hermoso despertar.

A través de la terapeuta con la que me formaba, tuve la bendición y oportunidad de entrenarme y crecer más consciente emocionalmente. Me invitó a compartir espacios laborales con ella, pero lo hizo de manera estratégica, a través de la invitación a un taller.

En el primer momento, rechacé la invitación, diciéndole que yo ya no tenía nada que ver con la psicología. Sin embargo, ella fue muy sabia y supo esperar el tiempo necesario; y me volvió a invitar, meses después, solo para acompañarla a ese taller a escuchar. Una vez más, Dios metió su mano, y en medio de la actividad, comencé a participar, dándome cuenta de que el conocimiento y mi experiencia profesional en la psicología estaba intacto en mí. Era algo que no podía ocultar.

Esa experiencia me dio la oportunidad de retomar nuevamente mi profesión, una vez por semana, después de dos años y medio aproximadamente. Todo fue progresivo y suave, como pienso que Dios hace las cosas. También yo estaba más madura en mi interior, reconciliada con la vida, con mi familia, con mi entorno y conmigo.

Mi perspectiva de la vida había cambiado mucho en todos los sentidos y decidí comenzar a dejarme llevar por las oportunidades que se estaban presentando.

A medida que pasaba el tiempo, me acercaba más a la esencia de lo que, creo, Dios diseñó para mí (Salmo 139). Tuve el valor de hablar con mi papá para preparar mi salida de la empresa familiar y volver al ruedo de mi vida profesional en la psicología, con herramientas y fuerzas nuevas.

Paralelamente, tuve la propuesta para trabajar en un instituto educativo como docente en el diplomado de Docencia para Adultos, el mismo que yo había hecho. Acepté coordinar un grupo semanal y retomé la especialización en Gerencia para terminarla.

En dicha especialización, hice una amiga que me pidió que fuera su terapeuta, y en aquel momento le respondí que no estaba ejerciendo la profesión; y su respuesta fue: "es que si no es contigo, yo no haría terapia con más nadie". Eso me sorprendió y de allí surgió mi propuesta para ella: "te daré una charla sobre mi forma de abordaje. Si te gusta, continuamos, y si no, te refiero a otro colega". No pensé que aceptaría, pero estuvo de acuerdo. En ese momento, descubrí que había internalizado lo que había estado recibiendo en mi proceso personal.

Me tomé tres horas para compartir el modelo y método psicológico que me acompañaría luego, hasta el presente. Por supuesto, con los cambios que la madurez trae y la importancia de estar actualizada profesionalmente. Dios comenzó a multiplicar la actividad de esa charla progresivamente e inició un proceso eventual y paulatino de hacer charlas y talleres, hasta que se consolidó como una de mis actividades principales, a través de un Centro de Crecimiento que fundé y dirigí por varios años.

Allí empezó a afianzarse mi autoestima, mi confianza y seguridad personal para enseñar y transmitir el potencial que había estado en mí; pero que el cansancio, la inconsciencia emocional y la depresión que tuve habían detenido, opacado y bloqueado todo por un buen tiempo. Sin embargo, estoy convencida de que los baches de la vida son los que nos confrontan para darnos cuenta de que necesitamos cambiar nuestro interior, para que nuestra vida exterior cambie también como consecuencia.

Ese período fue hermoso porque, de verdad, significó para mí un renacimiento en todos los sentidos: personal, familiar, social, laboral y espiritual. Fue un tiempo en el que decidí estar sola afectivamente y mantener la constancia, disciplina y perseverancia de mi nueva etapa de crecimiento personal, la cual, en mi caso, en ocasiones, no ha sido fácil separar de mi vida profesional.

De alguna manera, están estrechamente relacionadas, porque parte de la psicología tiene mucho que ver con lo que somos como personas conscientes, emocionalmente sanas, para llevar a otros y acompañarlos en su ruta de autoconciencia y sanidad personal. Esto no quiere decir que tenemos que ser o estar perfectos. Quiere decir que tenemos que estar conscientes y ser responsables de quiénes somos y hasta dónde podemos llegar, porque si no, nos convertimos en un ciego acompañando a otro ciego.

A partir de allí, mi vida interior tomó un nuevo camino de esperanza, que me permitió entender y agradecer el tiempo que había estado en recesión como persona y aún como profesional, ya que, para ser sanada, había tomado la decisión de apartarme un poco del entorno que me circundaba.

Mis amigas íntimas, siempre allí, nunca dejaron de acompañarme y escucharme, o de manifestar su amor y respeto hacia mí. Como lo compartí antes, la vida sin amigos, para mí, tiene muy poco sentido. Estoy convencida de que es una parte esencial de la subsistencia del ser humano.

Emprendimiento personal

Pasado un tiempo de esas experiencias personales y profesionales, los avances que fui experimentando y amigos universitarios de los posgrados, me animaron a registrar y abrir mi propia empresa. Y en ese transitar, sé que Dios fue tejiendo un nuevo camino para mí y siguió abriendo puertas hasta consolidar ese proyecto, a través del cual, en un promedio de aproximadamente siete años, formé parte de dos empresas de crecimiento personal: una en la que fui fundadora y directora, y otra en la que fui socia y directora.

Todo eso estuvo acompañado por la docencia universitaria, la cual ejercí, formalmente, por nueve años consecutivos. Las dos empresas y la docencia me dejaron experiencias de mucha riqueza interior, sobre todo el aprendizaje de disfrutar cada día en todos los sentidos, ya que no hay nada, absolutamente nada, que no sume a nuestra vida; porque aun los sinsabores más amargos, tienen propósito en nuestro andar.

Si no decidimos verlo así, le quitamos a la vida su esencia, la cual creo que tiene que ver con el amor, la fe, la esperanza y el propósito.

En medio de todo, la pérdida de mamá

Mamá tuvo cáncer de pulmón por seis años, aunque no todo fue duro en ese lapso. Tuvo una primera operación que luego, unida al tratamiento, la mantuvo por cuatro años con buena calidad de vida. Llegó a cumplir los cinco años luego de ese primer diagnóstico en el que pensamos que todo había pasado. Sin embargo, tuvo una remisión y aún superó una segunda operación de pulmón; y después, una de columna.

Al cabo de esa larga travesía, se cansó de luchar y se fue a la presencia de Dios, luego de una dolorosa fase terminal de tres meses. Hoy la respeto, la entiendo y la admiro. En aquel tiempo, me costó mucho aceptarlo. Sin embargo, hoy puedo ver a la mujer guerrera que fue mi madre a lo largo de toda su vida. Somos cinco hermanos y todos nacimos por cesárea, cosa milagrosa desde el punto de vista médico.

En aquella época, se decía que una mujer no podía tener más de tres cesáreas; aunque en la cuarta, su vida y la de mi hermana estuvieron en peligro. Todo fue superado, e incluso, nació una hermana más (milagro y regalo de Dios). Él es bello y esto me hace ver que solo Él conoce el día que venimos a este mundo y el día que nos vamos.

Lo que sí escogemos es el modo en el que deseamos vivir. Dios nos da la oportunidad de escoger y decidir.

Mi mamá fue una mujer sensible, espiritualmente hablando, ingenua en muchos aspectos, y en otros, atrevida e intuitiva. También era muy familiar, abnegada y siempre conciliadora, así como temerosa e insegura. Hoy puedo entender que la historia de crecimiento de una persona influye radicalmente en su vida. También fue una niña con muchas carencias en su infancia. Además de nacer con el regalo de una hermana gemela, tuvo siete hermanos más, cuatro varones y cuatro hembras, incluyendo su gemela.

No fue fácil para la abuela criar nueve hijos porque, además, quedó viuda muy joven; y aunque el abuelo vio crecer a todos sus hijos, cuando estaba vivo, trabajó mucho fuera de la ciudad y la ausencia del papá siempre marca.

De cualquier modo, Dios, el tiempo y el crecimiento interior nos permiten comprender mejor el significado de las cosas importantes de la vida y, al principio, cuando un ser querido se nos va, queda un gran vacío. Pero a medida que el tiempo pasa, nos damos cuenta de que es parte de la ley de la vida, y nos vamos reconciliando con la idea de su ausencia física, pero también con el valor de su presencia en nuestro pensamiento y del legado que nos haya dejado.

Cada aspecto sencillo o complejo cobra valor, y aprendemos a aplicar ese valor en nuestra vida cotidiana; aprendemos a entender que ese ser que nos trajo al mundo cumplió con su misión, dejándonos enseñanzas y una herencia física, emocional y espiritual invaluable.

Lo importante es guardar lo positivo que podamos tomar de todo ello, perdonar y dejar atrás lo negativo o poco constructivo o edificante.

En el caso de la partida de mi mamá, me quedaron cosas que resolver en aquel momento. Sin embargo, aprendí a entregar esas cargas a Dios y a caminar soltando todo aquello que no me edificaba o que me impedía disfrutar mejor de la vida.

Hoy hay paz en mi corazón y, tal vez, algunas cosas que resolver todavía; pero, gracias a Dios, no con el peso o intensidad de aquel tiempo. Los procesos de crecimiento interior así son. Hay que caminarlos paso a paso, entendiendo que cada fase tiene un significado y un propósito en la vida y que, si nos resistimos, lo complicamos más. La idea es avanzar y madurar, aun cuando en ocasiones haya momentos de estancamiento, que también forman parte.

Reencuentro con el amor de pareja (2012)

Un año después de la partida de mi mamá, me encontré con mi primer amor, después de treinta años. Ahora, después de

un largo proceso de sanidad personal, estaba preparada para unirme y dejarme acompañar por el amor de pareja.

Tuvimos un noviazgo de ocho meses y nos casamos. Hoy sé que ha sido una de las mejores decisiones de mi vida. Dios nos diseñó para hacer familia y vivir en pareja, aunque respeto a aquellas personas que deciden algo diferente. Creo que es el mejor estado que podemos escoger. Es el modo en el que vienen las luchas justas de la vida, para ser transformados y convertirnos en mejores personas, más maduras y conscientes emocionalmente, más generosas, más observadores, más tolerantes, más sabias. En fin, no es lo mismo permanecer en el YO, que en el NOSOTROS. Es un proceso. Sin embargo, para los que creemos en Dios, estoy convencida de que, al involucrarlo en la relación, además de poner de nuestra parte, Él interviene en esta para que sea mejorada cada día. Siempre valdrá la pena el esfuerzo, recordando que es un trabajo en equipo.

Hoy puedo decir que estar unida a mi esposo me hace sentir y saber que siempre hay nuevas oportunidades en la vida que Dios nos regala para transformarnos y rehacernos en el amor y la convivencia; que, tal vez, es una de las cosas más difíciles en la vida, pero que siempre valdrá la pena, desde la posición del respeto mutuo, del amor compartido y del crecimiento en equipo, como pareja, como amigos, como seres humanos imperfectos, pero con ganas siempre de avanzar en construcción de una relación sana y sabia en medio de las dificultades o adversidades.

Otras recompensas

Ese mismo año coincidió con el otorgamiento de una posición profesional que me mostró, de parte de Dios, las recompensas de la vida, otorgadas por el buen desempeño y desarrollo como fruto del trabajo y de la experiencia.

Fui elegida como presidenta del Colegio de Psicólogos de mi estado (Lara), cargo gremial que desempeñé por cinco años, del cual aprendí un conjunto de herramientas importantes para la vida profesional. Fue una posición que me permitió compartir los valores éticos y profesionales de la profesión que escogí como medio de vida. También reforzó en mí, procesos personales y emocionales que habían estado dormidos, y pude comprender que toda lucha interior, por más dura que parezca, siempre traerá su recompensa y su alegría, así como tropiezos y dificultades.

Esta oportunidad fue otro punto a favor para fortalecer mi autoestima y la seguridad en mí misma, comprendiendo que también tuve la oportunidad de escoger un hermoso equipo de trabajo con el que aprendí aspectos importantes de liderazgo, trabajo en equipo y siempre alimentar la esperanza y la importancia que tiene cualquier profesión, cuando valoramos lo que hacemos y para qué o por qué lo hacemos.

Aceptar ese reto fue la forma de agradecer al gremio y a la comunidad todo lo que mi profesión me había dado y me ha dado en la vida, como persona y profesional, sabiendo que, primeramente, es un regalo de parte de Dios por los talentos que me dio para compartir con el prójimo.

Emigración (2017)

Soy hija de un inmigrante. Sin embargo, nunca pensé que yo emigraría de mi país. No estaba en mi mente, ni en mi visión personal. Amo mi país y mis raíces. No obstante, hoy puedo entender mucho mejor por qué alguien decide dar ese paso tan profundo y fuerte emocional y espiritualmente. Porque estoy segura de que no es un paso por nuestra propia voluntad. Es una decisión compleja y dura de tomar, pero luego te das cuenta de que es absolutamente necesaria. Luego ves que, a pesar del dolor y del proceso, también traerá incontables bendiciones a tu vida que no imaginabas.

Vine de vacaciones como turista en julio de 2017 a visitar a una de mis hermanas, que vive en EE.UU. Nos encontramos las cuatro en esas vacaciones. Para ese entonces, teníamos seis años sin vernos físicamente, desde la muerte de mamá.

Pudimos disfrutar unos días juntas, después de ese tiempo. De las cuatro, dos emigraron hace mucho más tiempo: una a Italia y otra aquí, a USA. Quedábamos tres en Venezuela: mi hermano mayor, mi hermana menor y yo. Sin embargo, por cosas del destino, sin haberlo planeado y en común acuerdo con mi esposo, decidí quedarme por seis meses que, al final, se convertirían en una decisión de solicitud de asilo y once meses sin ver a mi esposo, hasta que pudimos reencontrarnos. Para este momento, tengo siete años de haber salido de mi país, historia que tengo reservada para otro libro porque quiero compartir con mi gente, o con la gente, lo variado y enriquecedor que ha sido ese tiempo, tanto emocional como espiritualmente.

En medio del proceso migratorio: la pérdida de mi papá (2019)

Mi papá se fue de este mundo un día después de cumplir sus ochenta y cinco años en esta tierra. Se fue ocho años después que mi mamá. Aunque dolió mucho y duele todavía, tengo la paz de haber estado un poquito más preparada, emocional y espiritualmente, que cuando se fue mi mamá. Dios ya me lo había mostrado y, aunque luché en mi interior pensando que lo volvería a ver antes de que se fuera, lo pude ver y compartir un año antes, que vino de visita a USA. Fueron días hermosos en casa de mi hermana y sé que fue un regalo de parte de Dios, que pudimos disfrutar.

Pudo casarse nuevamente y tener una hermosa compañera por siete años. Dios es grande y misericordioso y "*no se queda con nada*". Luego les explicaré el significado de esta frase para mí.

Mi papá también fue un luchador, un sobreviviente de la Segunda Guerra Mundial. Es decir, tenía ocho años cuando eso sucedió y fue lo que lo trajo a América a sus veinte años, cuando emigró a Venezuela.

Fue un visionario, emprendedor y tengo el orgullo de compartir que formo parte de la generación de italianos que participó en la reconstrucción de un pedacito de Venezuela, después de la dictadura de Marcos Pérez Jiménez (1958). Él había llegado a Venezuela en diciembre de 1954. En 1960, se casó con mi mamá, hasta que la muerte los separó: estuvieron cincuenta y un años juntos.

No todo fue color de rosa, como él mismo decía, pero fue un ejemplo de disciplina, perseverancia y constancia para el trabajo y para lo que él pensaba de la familia. Se esforzó por darnos valores familiares de respeto al prójimo, aunque no fue de carácter fácil, "como todo italiano". Pero más allá de esto, pienso que nos enseñó el significado de tener una vida digna como producto del esfuerzo del trabajo, y de ganarse el respeto y la confianza de la gente.

Llegó a fundar su propia empresa, la cual cumplió sesenta años y tuvo que cerrar, por razones que muchos venezolanos en este tiempo conocemos. Nunca pensamos que viviríamos una segunda dictadura, después de poco más de cuarenta años. En este sentido, creo que mi papá quería más a Venezuela que nosotros, sus hijos, tierra que lo vio crecer: como hombre, como empresario, como esposo, como padre, como ciudadano. Era más venezolano que italiano. Ese impacto de nuestra dictadura del siglo XXI, además de otras circunstancias, sumaron mucha tristeza a su vida y murió en Italia, enfermo de cáncer, y ahora está en el cielo con sus padres y mi mamá.

Hoy (2024)

Hoy sigo aprendiendo a reconciliarme y a disfrutar de mí misma, de la vida y de Dios. Y, aunque en el orden espiritual para mí lo primero es Dios, reconozco que, así como lo escribo, es humanamente.

Este año cumplo doce años de casada, no queriendo decir que todo ha sido fácil.

Hoy lucho con la separación familiar que todos los venezolanos sufrimos de una u otra manera. Pero más allá de esto, tengo mucho que agradecer a Dios, porque es un Dios de oportunidades, de amor y de infinita misericordia.

Nunca imaginé estar viviendo en otro país que no fuera el mío. Sin embargo, como dice la palabra de Dios, todo obra para bien (Romanos 8.28). Tengo la bendición de hablar tres idiomas y eso me permite tener un trabajo que me da la oportunidad de ayudar a refugiados e inmigrantes.

Mi convicción espiritual de un Dios vivo, mi vocación por orientar, enseñar y acompañar a quien lo necesite, además de mi esposo y el resto de mi familia, me dan la fuerza para levantarme todos los días a seguir luchando por lo que creo y por practicar y participar en el propósito que Dios diseñó para mí.

Mi pasión es ayudar y sé que, por eso, Dios continúa sanando mi interior, para que su luz y fuerza se puedan manifestar a través de mi humanidad y poder dar, aunque sea, un granito de arena y una semilla de paz de la que recibo de Dios cada día a quien lo necesite.

Hoy aprendo a adaptarme a otra cultura, otros tiempos, y agradezco todo lo que pueda; aunque también a veces peleo por tanta injusticia y locura que veo a mi alrededor, pero no dejo de creer que, aun cuando no lo parezca, el bien siempre gana.

Todavía quedan retos de toda índole por delante. Sin embargo, sigo confiando en que voy de la mano de Dios hasta que me toque partir de este plano.

Creo que nunca había hablado tanto de mi interior como en este gran apartado para mí.

Soy Ana Patricia Stumpo de Meléndez, hija de Dios, de Franco y Rosita, y esposa de Miguel Ángel. Hermana de Tony, Rosella, La Beba y Antonella. Cuñada de Andreina, Nelson y Alejandro. Tía de Francesco, Piero, Fabrizio, Ivo, Flavia, Luca, Giuly, Andrea y Leo. También soy cuñada de todos los hermanos y hermanas de mi esposo (es una larga lista), y prima de un montón hermoso que

Dios me regaló y que ahora está distribuido en dos continentes. Madrina y mamá espiritual de otro gran grupo (no puedo tener el número o nombres totales), todos importantes para mí, con un lugar especial en mi corazón. Amiga de un grupo hermoso de mujeres que Dios me ha regalado a lo largo de mi vida (aunque hoy es más difícil el contacto físico, hemos aprendido la importancia de la conexión emocional y espiritual permanente).

Llena de expectativas, fe y esperanzas para lo que Dios tiene para mí en el camino que está por venir.

PARTE 02
Mi segunda Voz

Quién soy
como psicóloga

Quién soy
como psicóloga

Introducción

¿Cómo resumir treinta años de uno de los roles más importantes de mi vida? El ejercicio de la profesión que escogí: Psicología.

La idea es compartir experiencias y herramientas y, por qué no, dejar un legado a quienes buscan o encuentran en la psicología una manera de vivir, así como también a quienes buscan nuestros servicios. Como una puerta que, al tocarla, ofrece la oportunidad del cambio, del crecimiento interior, de un nuevo nivel de consciencia emocional y mental que permita gestionar los retos y necesidades de la vida de una manera más sana y consciente, no perfecta.

Comenzaré diciendo:

> *"Caminante, no hay camino, se hace camino al andar".*
>
> **ANTONIO MACHADO**

Hay frases, conceptos y acciones que me definen profesionalmente, así como también etapas, tiempos y niveles de comprensión y consciencia interior. Creo que es parecido para todos los que decidimos ejercer el oficio que escogemos, con respeto, dedicación, dignidad y ética.

Continúo con la idea de los treinta años de ejercicio. Trataré de compartirlos por etapas y aprendizajes en la medida de mis posibilidades. En este sentido, cabe destacar que es necesario hacer un recorrido para que lo que va sucediendo, se vaya simplificando poco a poco, sin quitarle los elementos importantes al recorrido y a lo que descubrí en el transcurso de este.

Inicios

Cuando salimos de la universidad, al ruedo de la práctica de la vida, tenemos un gran choque, porque tenemos la fantasía de que será como nos lo explicaron nuestros formadores; y aunque en algo pueda parecerse, definitivamente no es igual. Al respecto, una vez escuché a alguien decir que la teoría sin práctica no tiene sentido, pero que la práctica sin teoría puede ser muy peligrosa.

Quiero decir con esto que ambas se complementan y que la responsabilidad ética es, tal vez, la fina línea que divide la teoría de la práctica, para que lo que yo decida hacer no sea ni improvisado, ni descabellado, sino que tenga congruencia.

Para que, al aplicar la teoría en la práctica, haya un sentido con propósito. En el caso de la psicología, es necesario destacar y recordar que estamos trabajando con el pensamiento, la conducta y las emociones humanas; y nada de eso es un juego, aunque a veces usemos el humor. Por eso, requiere de nuestra consciencia emocional personal. Para que al acompañar a otros a descubrirse, no quedemos junto con él o ella atrapados en su mente.

Esto es algo muy sutil y nada sencillo de explicar. Sin embargo, se trata de eso. Como estudiantes, cuando estamos siendo formados, nos enseñan la importancia de conocernos, porque eso va a trascender en el momento en que nos toque aplicar lo aprendido.

Al principio, después de haber recibido el título que nos acredita para ejercer la profesión, comienza un proceso en el que toca experimentar las oportunidades laborales que se presentan, ya que ellas son las que van a mostrar las características del campo de trabajo con el que me conectaré, en unión a los conocimientos adquiridos y vinculado proporcionalmente a mi personalidad.

Dicho de un modo más sencillo y práctico, cuando un niño comienza a gatear, es el primer ejercicio de alejamiento de mamá en busca de lo que hay más allá de él en ese movimiento; mueve su cuerpecito y se va integrando, progresivamente, cada movimiento, hasta crear un avance ordenado y fluido. Luego, cuando el niño comienza a caminar, se tambalea hacia los lados, hasta encontrar el equilibrio. Se cae, se levanta repetidas veces, hasta que no tiene a más nadie en frente que lo espere con los brazos abiertos en la caída o para levantarse.

No es diferente cuando iniciamos el ejercicio de una profesión. Dudamos, nos tambaleamos o golpeamos, hasta que todo se hace más fluido. Si buscamos verle el lado bueno, aprenderemos a disfrutar el proceso.

Todo inicio es difícil. Sin embargo, si aceptamos y comprendemos que estamos dando los primeros pasos para aprender a aplicar lo que recibimos a lo largo de varios años de estudio y entrenamiento, disfrutaremos más el proceso. En este sentido, es importante tener nuestra mente abierta a la experiencia, acompañado de alguien que nos mentoree mientras adquirimos confianza y seguridad en la práctica.

En mi caso, me inicié en equipos de trabajo en varias universidades (orientación vocacional y algo de docencia). Recordándolo, creo que trabajar en equipo me dio seguridad. Y aunque en ese tiempo no busqué mentores, porque creo que no estaba consciente de la importancia o necesidad de uno, siempre fui y he sido responsable con mis procesos terapéuticos personales.

Hoy pienso que dichos procesos fueron la clave, y todavía lo son, para darme la oportunidad, cada cierto tiempo, de mirar en mi interior a través de otro lente, que no sea solo el mío. Aunque al respecto también tengo cosas que compartir en la tercera parte de este libro, porque como creyente en Dios, hoy lo pongo a Él primero para meditar sobre lo que me está pasando y en el propósito de vida.

Siguiendo la idea de equipos de trabajo, eso me permitió compartir esfuerzos y aplicar interdisciplinariamente lo aprendido, ya que, además, la psicología en general y mi rama, la clínica, es una disciplina complementaria de la psiquiatría y hoy de la neurociencia.

En esos primeros años, estuve rodeada de trabajadores sociales, orientadores y profesores, y poco a poco se iba asomando la clínica, diría muy tímidamente. Creo que mis inseguridades me limitaban a tener un ejercicio privado, profundo y fluido de la profesión. Es decir, trabajar en un consultorio. Me sentía más tranquila, cómoda y segura compartiendo mi rol profesional con otros profesionales.

Eso me dio calle, y aun así, cuando tuve aquella crisis personal que les compartí, me fue útil para una serie de descubrimientos que cambiaron mi vida profesional por completo.

Dicha crisis me llevó a los siguientes descubrimientos acerca de la psicología y de lo que yo pensaba de su significado en la aplicación en la vida cotidiana.

Desde que fui estudiante, pensaba que los diferentes enfoques eran importantes. Sin embargo, también pensaba que eran complementarios y que era muy limitativo quedarme con uno solo; pues en este momento caótico de mi vida, tuve la oportunidad de conocer varios terapeutas que hacían un trabajo integral en el que el cuerpo era incluido activamente. No solo la mente, la conducta o las emociones, sino también la expresión corporal como parte de la expresión emocional y mental de nuestra vida.

Ese descubrimiento a través de la propia práctica para tratar mi situación personal, confirmó lo que pensé por mucho tiempo (debía haber una psicología integrativa). Y a pesar de que mi condición emocional no era la mejor cuando me topé con dicho modelo de atención, dicha práctica me acompañó en mi vida por doce años y, a medida del tiempo, fue exponiendo a la Ana Patricia que estaba atrapada dentro de mí y temía salir. Hablo de la psicología psicocorporal, acompañada de la aplicación práctica de más de un enfoque terapéutico.

Doy gracias a Dios por haberme topado profesionalmente con personas que me permitieron fortalecer mi desarrollo personal y profesional para ser hoy quien soy (siempre recalcando que no dejo a Dios por fuera de todo esto).

Punto de quiebre

Me quedé en el aire, en mi área profesional, por un tiempo aproximado de dos años, pero estos fueron más que suficientes para redimensionar mis bases teórico-prácticas y convertirme en una profesional aun más consciente y responsable del ejercicio privado de la profesión.

Allí inició un camino hacia lo profundo de la clínica psicológica del ser humano, y la vida me llevó a combinar lo que iba aprendiendo y, casi al mismo tiempo, enseñándolo. Poco a poco, fui dando los pasos como docente universitaria en la carrera de Psicología y Dios me mostró un mundo maravilloso en dos escenarios muy diferentes, pero que, al final, ambos eran educativos, aunque desde dimensiones y necesidades psicológicas muy diferentes.

Esto dio paso a colocar cada cosa en su lugar: persona, familia, trabajo y aprendizaje.

Este punto de quiebre me dejó aspectos y enseñanzas de vida sumamente importantes y por los que todos necesitamos pasar.

Entrenamiento | Disciplina | Entrega

La vida es un campo de aprendizaje y entrenamiento continuo, que amerita la introspección y meditación frecuente y tal vez cotidiana de mi mente, mis emociones y conducta.

Es importante saber quién soy, cómo soy, qué quiero y hacia dónde deseo ir en la vida. Identificar los valores y creencias que me acompañan en ese caminar y darme la oportunidad de evaluarme cada cierto tiempo, para poder saber en qué punto me encuentro con respecto a lo que soy y a dónde quiero llegar. Cuando esas cosas no están claras, hay caos en nuestra vida interior, manifestado en nuestras acciones y comportamiento; y por no conocernos, somos los últimos en enterarnos de lo que está pasando en nuestra mente, nuestro entorno y nuestra vida.

> *Sin consciencia emocional, caminamos en automático, como robots, y sin que sea nuestra intención, haciendo mucho daño a nosotros mismos y a nuestro entorno. No podemos tapar el sol con un dedo.*

El evento que propicia la necesidad de cambio es la expresión emocional externa de mi caos interno, el cual se manifiesta de muchas maneras, pero, desafortunadamente, casi siempre nos damos cuenta después de varias repeticiones caóticas. Llámese ansiedad, depresión, enfermedades físicas, dificultades en las relaciones interpersonales o inestabilidad laboral o social.

Cuando decidimos hacernos la vista gorda ante nuestro vacío interior, los diferentes escenarios de la vida son los lugares en los que estamos permanentemente expuestos, sin saberlo, hasta que se nos comienzan a repetir las experiencias y nos

comenzamos a hacer preguntas que nos llevan a buscar respuestas en un espejo, testigo, interlocutor o terapeuta.

Cuando me di cuenta de todo esto, entré en la adolescencia de mi caminar profesional y me lancé por segunda vez al ruedo, psicológicamente hablando, pero ahora con más fuerza. Y aunque sabemos que los adolescentes son rebeldes y atrevidos, y a veces se equivocan, necesitaba la fuerza y el impulso de aquel momento para seguir avanzando.

Cuando nos descargamos emocionalmente de manera correcta, sentimos nuestro cuerpo como una pluma y nuestra mente vuela. Nuestro pensamiento se ordena, y somos súper eficientes, eficaces, inspirados, creativos, dispuestos, enérgicos, seguros de nosotros mismos, etc.

Me atrevo a decir que allí fue cuando verdaderamente comencé a ser una psicóloga consciente. Mis miedos pasaron de ser mis fantasmas, a convertirse en mis aliados para compartir y enseñar, tanto en el aula de clases como en el consultorio.

Hoy, si tuviera que escoger alguno de los dos escenarios, creo que no podría, porque al final, en ambos, enseño y aprendo, y eso es lo que realmente me apasiona: tener la posibilidad de acompañar a otros a descubrirse a través de la enseñanza y aprendizaje de nuestro ser mental-emocional y conductual.

A partir de aquí, trataré de describir con más detalle psicológico lo que cada escenario me ha dejado, para que el lector pueda, al menos, saborear la importancia de conocerse a sí mismo y las ventajas que este pequeño, gran detalle puede traer a su vida.

Madurez como psicóloga

Haber participado en un grupo terapéutico por doce años, siete como participante y cinco como co-facilitadora, me permitió una dimensión experiencial que, para mí, no tiene precio y que, además de retos, tropiezos o dificultades, trajo a mi vida estabilidad, firmeza, seguridad, flexibilidad, creatividad, disciplina, disposición, apertura, fe y esperanza. Las dos últimas las profundizaré en mi tercera parte.

El aprendizaje es un proceso mental ordenado que se produce por recibir conocimientos de diferente índole, de manera repetida y frecuente. Si somos disciplinados en ese proceso, un día nos damos cuenta de lo hábiles que llegamos a ser cuando practicamos algo repetidamente; y eso es válido para todo aprendizaje en la vida, sencillo o complejo. Por eso, cuando somos adultos y llegamos a tener contacto con un psicólogo, terapeuta, *coach* o mentor, nos toca desaprender muchas cosas que nos dijeron, que escuchamos, que se hicieron verdad en nuestra mente por mucho tiempo, pero que, emocional y humanamente, son falsas.

Nos toca desmontar nuestra estructura mental para reconstruir y redimensionar lo falso que nos ha sostenido por tanto tiempo, pero que hoy descubrimos que no es útil ni funcional mantenerlo. No todo lo que nos formó es negativo, sin embargo, es necesario que yo pueda descubrir lo que me impide avanzar o lo que, en mi cabeza, detiene mi potencial para ser útil, sano a mi propia vida y participar sanamente en el entorno en el que me encuentro y decido conscientemente desarrollarme.

Hay un principio de un catedrático que me ha acompañado, toda la vida, desde la primera vez que lo escuché:

> *"La vida está llena de ciclos, largos o cortos; en esos ciclos, si no me conecto en algún momento con la fuerza del impulso del cambio para ser transformada, algo no está bien en mí."*

Nosotros, como seres humanos, no fuimos diseñados para permanecer estáticos en el movimiento de la vida. Por lo tanto, es importante estar alertas porque cada etapa evolutiva de la vida trae consigo una propuesta de cambio, y si trato de permanecer siempre en el mismo punto mental-emocional y conductual, el río de la vida me llevará con su corriente; pero no precisamente nadando, sino tal vez sumergida y arrollada en el proceso. Y eso no es vida.

Por lo tanto, el otro principio es:

"No hay nada más permanente que el cambio, pero me refiero al cambio mental-emocional y conductual, mi cambio interior; entendiendo que no tengo el poder de cambiar lo que acontece fuera de mí, pero sí puedo transformar lo que me impide adaptarme al cambio que fuera de mí sucede".

También hay otra frase que descubrí en mi proceso personal:

"El proceso de crecimiento interior es personal, pero no tiene que ser en soledad".

A partir de aquí, mi objetivo es desarrollar esta frase, a fin de mostrarles las diferencias y ventajas de participar en un proceso personal-individual o personal-grupal.

Psicología desde el consultorio: individuo, pareja y familia

Espacio terapéutico

El espacio terapéutico es un espacio sagrado y, por tanto, merece respeto. Un espacio que es importante y necesario mantener limpio y ordenado, no solo en el aspecto físico, sino también

en su atmósfera energética. No me refiero a nada supersticioso, ni necesariamente ritualístico, es una cuestión de armonía y orden, porque es parte de lo que nos debe acompañar como terapeutas y parte de lo que el cliente merece encontrar cuando llegue a nosotros.

No estoy hablando de un espacio perfecto. Estoy hablando de una atmósfera que invite a la calma, a la reflexión, a la confianza mutua, a la libertad de expresión, a la apertura emocional y mental, al encuentro sano y fluido.

Tal vez esto pueda parecer poético, pero estoy segura de que muchos estarán de acuerdo conmigo.

Indudablemente, el estilo es algo personal. Solo deseo compartir la importancia e influencia que esto puede tener desde el primer momento que el cliente da el paso a abrir su corazón para ser sanado y transformado.

En la actualidad, tal vez nos toca hacer un esfuerzo mayor porque, mayormente, el contacto es virtual, pero igual podemos brindar una atmósfera con esas características. Por eso, es importante el respeto a nosotros mismos como terapeutas y tener nuestro “mantenimiento” personal, emocional y espiritual, para que eso sea posible y perceptible.

Trabajar con la mente y las emociones es un compromiso de alto nivel, y si no me cuido adecuadamente, tendré muy poco que ofrecer como terapeuta. Repito, no es una cuestión de perfección, es una cuestión de respeto a mí misma, al oficio y al receptor de mi servicio.

"Si no hay orden, no hay estructura: ambos unidos, como binomio, invitan a la sanidad".

Encuentro individual

Así como les hablé del aprendizaje como un proceso ordenado, también abordaré lo que significa la enseñanza para mí. Pienso que es la otra cara de la misma moneda. Ambos son procesos interdependientes y complementarios. Es decir, no puedo enseñar lo que no comprendo o lo que no he aprendido.

Enseñar es poner en práctica lo aprendido y, al mismo tiempo, cuando enseñamos, también estamos aprendiendo, reaprendiendo o repasando y confirmando lo aprendido. Para que un aprendizaje se establezca, debe ocurrir un espacio de tiempo en el que exista la repetición y la práctica. Así también, para enseñar, necesito practicar y permitir que transcurra un espacio de tiempo para que esa enseñanza forme parte de mí.

Cuando estudiamos y aprendemos, nuestra mente está en constante movimiento, tomando, asimilando y recogiendo ideas y conceptos permanentemente. Una vez comprendidos primeramente en nosotros (aprendizaje), estamos pues en la capacidad de compartirlo con otros. Eso es enseñar. Por eso, pienso que ambos procesos no se pueden separar, aunque difieran solo en algunos aspectos.

Cuando aprendo, recibo. Cuando enseño, doy.

Dar y recibir son las dos caras de una misma moneda. No aprendo (o no puedo dar) a dar, si siento que no tengo nada o no he recibido nada para poder dar; y no puedo dar, si no paso por la experiencia de recibir lo que no tengo o lo que necesito (parece un trabalenguas).

No puedo acompañar si no aprendo a acompañarme a mí misma. Este juego de palabras, aunque no lo parezca, está íntimamente relacionado con lo que ofrecemos en uno de nuestros espacios de trabajo como psicólogos: el consultorio. Puede tener muchos otros nombres. Sin embargo, pienso que este es el más común (aunque hoy en día ha cambiado por una pantalla, pero de eso hablaré más adelante).

Algo pasa en nosotros y en el otro cuando cruza la puerta hacia ese espacio. Es como cruzar un umbral o línea imaginaria que produce un efecto especial de conexión bidireccional, donde se encuentran dos desconocidos (terapeuta-cliente), creando una atmósfera donde la ética, el respeto, la complicidad (en un sentido sano), la empatía, la esperanza y la expectativa juegan un papel trascendental, en el que, progresivamente, se irá estableciendo una alianza en el que dos personas se acompañan mutuamente de maneras muy diferentes para llegar a un mismo fin: un mayor, mejor o simplemente diferente nivel de consciencia interior emocional-mental-conductual y espiritual.

Me explico mejor para no confundir los roles. El terapeuta ya caminó buena parte del camino, de su camino personal, y eso le permite comprender y respetar el camino del otro en todo sentido. El terapeuta ha desarrollado su capacidad objetiva para observar desde las gradas el "juego mental" que ocurre en la mente del consultante.

No somos adivinos, no aconsejamos. Prestamos un servicio o compartimos nuestra estructura para que el cliente encuentre la suya. Esto es muy importante, porque si no he recorrido mi propio camino interior, corro el riesgo de diluir lo mío con lo del "otro". Por eso, debemos ser muy responsables con nuestro entrenamiento y tener nuestros mentores y/o terapeutas, a fin de saber separar conscientemente lo que se asemeja al otro, para evitar mezclas y confusiones. Podemos usar nuestra experiencia interior como referencia, pero no como referencia única, porque eso sería proyectarme en el otro todo el tiempo, y es parte del cuidado que debemos tener. Como humanos, siempre habrá una proporción que se filtre. Lo importante es estar conscientes y hacernos responsables.

La experiencia con otros, durante años, nos es útil para usar ejemplos de vida que son verdaderos. Eso le da aliento y esperanza al cliente, al saber que él no es el único que vive el "abismo", vacío o circunstancia que está viviendo y que lo llevó a buscar ayuda.

Siempre lo digo: no es diferente que ir al dentista o hacerme un chequeo físico anual o semestral. La diferencia es que nuestro

contenido mental es más abstracto e intangible, pero igual de necesario de chequear; igual que el mantenimiento de un carro o cualquier objeto. Me refiero a que necesitamos aprender no solo a revisarnos y mantenernos, eventualmente. Esa misma revisión me será útil para renovarme y redimensionarme cuando lo necesite.

Es necesario conocernos y responsabilizarnos de nuestro potencial, pero también de nuestras limitaciones. Es necesario reconocer que podemos llegar a un punto y detenernos, aceptando libremente y sin autorreprocharnos que podemos llegar solo hasta ahí.

Claves para el terapeuta

(TAREAS-RESPONSABILIDADES)

Descansar | Recrearme | Meditar (reflexionar)
Renovarme (física, mental, emocional y espiritualmente)
Actualizarme (estudiar) | Compartir (colegas)

T alentoso
E mpático
R eflexivo
A compañante
P aternal-pacífico
E scucha activa
U nidad (unificar mente, emociones y cuerpo)
T olerante
A trevido-asertivo

Claves para el cliente

(ACTITUD-RESPONSABILIDADES)

Abierto | Flexible | Tolerante | Reflexivo | Diligente
Dispuesto | Humilde

C omprometido-colaborador
L aborioso
I nspirado
E studioso
N oble
T olerante
E sforzado

Encuentro con la pareja

Psicológicamente hablando, la pareja es la suma de dos historias personales-emocionales, familiares y sociales. Todo eso integrado puede representar mi cultura personal, mis códigos personales. Es por eso que es muy importante entender que cuando me uno a alguien, ambos traemos equipajes diferentes. Y si cada uno se hace cargo de su equipaje, el proceso de unirse se hace más fácil o menos cuesta arriba. Sin embargo, desafortunadamente, no ocurre de esta manera, porque la educación y el entrenamiento emocional no han sido prioridades educativas, ni sociales, ni culturales a lo largo de la historia.

Lo que ha sucedido es que nos unimos de acuerdo con lo que heredamos y aprendemos, emocional y espiritualmente. No nos unimos pensando en los fundamentos emocionales y mentales que necesitamos para que la relación funcione. Desafortunadamente, aprendemos a tropezones en el camino.

En todo caso, lo importante es reconocer que el equipaje que traemos nos ha funcionado para muchas cosas. Entre esas, para sobrevivir y defendernos de las diferentes circunstancias que se presentan en nuestra vida. Sin embargo, la idea es vivir y aprender a disfrutar del proceso de crecimiento mutuo, aunque sea doloroso y difícil, porque es mejor que probar muchas veces y fracasar.

A pesar de que el fracaso forma parte de la vida, hay muchas situaciones que podríamos evitar si las escuelas brindaran entrenamiento emocional en nuestro proceso de crecimiento.

En la actualidad, los psicólogos tenemos más trabajo que nunca porque, desafortunadamente, el uso inadecuado e indiscriminado de la información a través de los medios, ha venido produciendo en el ser humano mucha comodidad y, tal vez, justificación; y lamentablemente, muchas personas creen que con solo ver u oír información relativa a nuestro comportamiento y emociones es suficiente para sanar.

Definitivamente, no es suficiente. Es necesario pasar por el proceso de recorrer el camino interior con alguien que te sepa guiar con consciencia, ética y responsabilidad. Por supuesto, esto es válido también para el individuo.

En cuanto a la pareja, así como el individuo necesita redimensionarse y renovarse interiormente cada cierto tiempo (ciclos de vida), la pareja también lo necesita.

En este caso, es un trabajo en equipo entre el terapeuta y la pareja conformada. En este sentido, es necesario que ambos estén dispuestos a trabajar tanto individualmente como en equipo. Esto implica estar abiertos a lo que cada uno va a encontrar en su interior que necesita ser resuelto y, paralelamente, de haber recorrido el camino personal, integrarlo al proceso terapéutico de pareja; lo descubierto que impedía el funcionamiento fluido de la relación.

Trabajar la relación es mejor que tener la razón. Un terapeuta de pareja me enseñó que la relación está por encima de la razón.

Lo comparo con el proceso de aprender a bailar con alguien o de afinar los instrumentos antes de iniciar un concierto. Es un proceso de vida hasta que la sinfonía suena en armonía, aunque a veces se vuelva a desafinar.

La gente siempre me pregunta: "¿cuánto durará el proceso?". No tengo una respuesta específica para ello porque depende de algunas variables. Pero si usted quiere que el proceso

sea efectivo, es necesario el compromiso, la constancia, la disciplina y la disposición. Sin estos elementos, el proceso de reconciliación, reconstrucción, redimensión y crecimiento en la pareja puede abortarse y, en ocasiones, la pareja prefiere justificarse señalando al terapeuta.

Siempre digo que las personas son libres de cambiar de especialista, pero no abandone el proceso. Puedo entender que hay aspectos importantes en la alianza terapéutica y no nos "tenemos" que "llevar bien" entre terapeuta-cliente. No es el propósito. Sin embargo, hay que tomar en cuenta que, si la pareja ha visitado a varios especialistas, es necesario sugerir que son ellos los que de alguna manera, consciente o inconsciente, se estarían cerrando o negando al proceso.

También puede ocurrir que sea un solo miembro de la pareja el que esté interesado en resolver o restaurar la relación. En este sentido, ya no lo llamaríamos terapia de pareja y las estrategias del proceso cambian.

Lo que deseo dejar sentado en este apartado es que siempre vale la pena luchar por la relación de pareja, entendiendo que hay principios y variables que, indudablemente, hay que tener presentes para que ello ocurra:

P rincipios

A mor

R espeto

E sfuerzo

J untos

A pertura-acuerdo

[9] es mejor ser dos que uno, porque ambos pueden ayudarse mutuamente a lograr el éxito. 10 si uno cae, el otro puede darle la mano y ayudarle; pero el que cae y está solo, ese sí que está en problemas. 11 del mismo modo, si dos personas se recuestan juntas, pueden brindarse calor mutuamente; pero ¿cómo hace uno solo para entrar en calor? 12 alguien que está solo puede ser atacado y vencido, pero si son dos, se ponen de espalda con espalda y vencen; mejor todavía si son tres, porque una cuerda triple no se corta fácilmente. *(el primero es el Espíritu Santo de Dios y los otros dos cordones están configurados por los 2 miembros de la pareja.)*

ECLESIASTÉS 4:9-12
(NTV- Nueva Traducción Viviente)

Familia

"Ser familia es la experiencia de las experiencias. La primera experiencia humana de contacto y de intimidad de alta resolución entre los humanos".

MANUEL BARROSO

Hablar de familia en términos terapéuticos es un tema delicado, complejo y profundo. En mi carrera, algunas veces, tuve la oportunidad de apoyar a algunas familias en procesos emocionales para mejorar su interacción. Sin embargo, no es mi fuerte. Requiere de un conjunto de herramientas terapéuticas de alto nivel que merecen respeto, entrenamiento y gran ética profesional. No obstante, en mi rol de pastora, funciona diferente. Ya luego les hablaré sobre ello:

Mi acróstico para la familia es el siguiente:

F uerza
A mor
M embresía
I dentidad
L iderazgo
I ntimidad
A ceptación

Lo dejo allí para reflexión. Tal vez me atreva en otro libro o edición a profundizar en el tema. De momento, no está dentro del propósito de este libro.

Psicología de o para grupos: Yo | Otros | Nos—Otros

Nosotros: este pronombre personal significa "yo y otros más". Viene del compuesto de "nos" y "otros". Nos, en un castellano antiguo, era lo mismo que decir "ahora yo". El pronombre personal latino "nos" ya significaba "yo y los que conmigo se asocian, nosotros".

Quise dejar este apartado de último por varias razones. Uno, porque me inspiré a hablar sobre lo que considero mi adultez como psicóloga, iniciando mi exposición hablando desde el individuo hasta la pareja y la familia. Y dos, porque de mis treinta y dos años de carrera, doce fueron dedicados a la docencia y, paralelamente, trece a la facilitación, acompañamiento y orientación de grupos terapéuticos (en aula de clase y en salón de grupos de personas que buscaban ayuda en mi rol como psicóloga clínica).

Sin duda alguna, ha sido para mí la experiencia más nutritiva, enriquecedora, retadora y apasionante que, hasta el momento, he tenido como profesional, sin restarle ningún valor a lo que me sucede en la actualidad con la psicología online. Apartado que compartiré más adelante.

Trabajar con grupos, significó mucho para mí, tanto personal como profesionalmente hablando. Es una experiencia que no pierdo la esperanza de volver a vivir. Solo que, para llegar allí, sé que todavía me falta caminar un trecho que se está tejiendo en este tiempo de mi vida, al igual que ser escritora y conferencista.

En este sentido, comenzaré diciendo que Dios me dio la oportunidad de formar parte de un grupo por doce años. Sé que ya lo había mencionado. Sin embargo, considero importante repetirlo, para compartir ahora con ustedes la experiencia un poco más profundamente.

De este trabajo, surgieron frases que construyeron mi vida, hasta el momento. Algunas son:

Para los pacientes:

- El trabajo personal es individual, pero no tiene que ser en soledad.
- El que tiene la información, tiene la misión.
- El trabajo de grupo no tiene como propósito opinar sobre la situación de la persona que escucho. El propósito más importante es escuchar e identificar qué parte de mí se conecta con lo que escucho y por qué.
- Mi trabajo no es convencer a nadie de lo que yo creo. Es mostrar lo que el otro no puede ver para que, en sí mismo, se convenza de lo que necesita cambiar en su vida.

Para los estudiantes:

- Si no caminas y te responsabilizas de tu proceso personal-emocional, cuando acompañes a alguien, en términos emocionales, será muy duro y corres peligro de proyectarte todo el tiempo.
- El conocimiento es muy importante, pero sin la vivencia, no se puede llegar muy lejos.
- Reconoce tus límites y acepta cuando te toca remitir un paciente a un colega.
- De una de mis profesoras de psicología clínica, aprendí que esta tiene de apasionante lo que tiene de frustrante. Por eso, es importante para nosotros aprender a cuidar nuestro interior en todo momento.

Y así podría continuar mucho más. No obstante, mi objetivo es compartir ciertos procesos de suma importancia para informar, formar y educar con respecto a los procesos emocionales y mentales que, en general, forman parte de un grupo terapéutico o de trabajo emocional y acompañamiento psicológico.

La psicología de grupo es una herramienta invaluable y, teóricamente, se expresa y establece de múltiples maneras. Sin embargo, voy a hablar brevemente sobre la esencia de la experiencia que quedó en mi ser a lo largo de los años asistiendo como participante y luego como facilitadora.

Como participante:

Pude experimentar lo intelectualizada que estaban mis emociones en mi cabeza. Solo las analizaba, pero no las conectaba porque, por diversas situaciones que experimenté al inicio de mi vida, sin saberlo, había decidido bloquear para no recordar ni sentir. Es decir, sabía mucho, era súper efectiva en mi trabajo profesional, pero en mi vida personal estaba anestesiada; y sin saberlo o concientizarlo, estaba viviendo en automático como un robot.

Poco a poco, fui entendiendo que estaba separada de mi interior, emocional y espiritualmente hablando, y vivía la vida laboral y mis responsabilidades, pero me acostumbré a teorizar y no a percibir o sentir lo que acontecía dentro de mí. Sin darme cuenta, me acostumbré únicamente a enfocarme en el otro, sin conectar conmigo misma.

Tal vez esto suene un poco repetitivo de la primera parte como persona. Sin embargo, lo comento para explicar que el modo más efectivo y nutritivo para conectarme conscientemente con mi interior es exponiéndome emocionalmente en un espacio seguro, guiado, donde todos los que allí estamos tenemos un mismo fin: conocernos un poco más a nosotros mismos y aprender a sentir sin miedo, sin restricciones y sin inhibiciones, además de crecer y gestionar nuestras emociones, tanto personal como socialmente.

Hay situaciones íntimas que no son necesarias tratarlas en público. Estas pertenecen al proceso individual. Sin embargo, la potenciación de la consciencia emocional, a través del grupo, es poderosa e invaluable. No se compara a lo individual, simplemente lo complementa y produce un valor exponencial en todos los sentidos de la vida psico-social de un individuo.

Como facilitadora:

Los grupos de manejo terapéutico no son para el 100 % de los pacientes o clientes. Sin embargo, es una gran oportunidad de probar la madurez y la capacidad socio-emocional del consultante.

En mi experiencia, la mayoría de las veces, los clientes que llegaban a consulta individual, cuando los veía preparados, los invitaba a las conferencias introductorias para el grupo; y casi siempre se quedaban porque podían experimentar cambios con mayor rapidez que en la consulta individual, y notar la diferencia y la efectividad del proceso en colectivo. En este sentido, podemos entender que la terapia individual y de grupos se complementan maravillosamente.

No es hacer una para dejar la otra. Es saber tomar lo mejor de ambos escenarios, porque ambos son útiles y necesarios para el crecimiento y la madurez emocional y social.

Participar en un grupo de crecimiento personal permite que el cliente también pueda ejercitar el respeto, la escucha, la empatía y la responsabilidad personal-emocional, sin ser agredido y sin agredir. Todos estos elementos forman parte práctica del desarrollo de la inteligencia emocional.

Para mí, es uno de los escenarios más hermosos para crecer interiormente. Por supuesto, teniendo la responsabilidad y ética profesional como parte imprescindible del proceso de facilitación.

No es lo mismo enfocarme en un discurso personal en el consultorio que estar pendiente de la emocionalidad de diez o veinte personas al mismo tiempo. Debemos ser entrenados para ello. La ventaja en este caso es que, con el desarrollo de un proceso emocional dentro del grupo, todos trabajamos emocionalmente. Trabaja tanto o más el que escucha que el que habla. Allí está parte de la esencia del trabajo grupal.

Identificar qué hay en mí de lo que el otro expresa y tomar lo útil para mi proceso personal.

La mayoría de las veces, podemos resolver un conflicto que tiene años en nuestra vida, "solo escuchando" a un compañero del grupo y al facilitador (terapeuta) dirigiendo el proceso.

La tarea del grupo como escenario psico-social produce efectos que la terapia individual no puede ofrecer porque no es su propósito. Nos da sentido de familia, hermandad y pertenencia. Para mí, el proceso grupal de acompañamiento emocional es considerado como una semilla que siembro en un terreno fértil con la certeza de que producirá un fruto agradable a cada uno de los participantes en los diferentes roles y dimensiones de su vida.

Somos seres únicos e irrepetibles que nos movemos en diferentes roles y dimensiones de la vida, así como nuestro pensamiento se caracteriza por ver el mundo de diferentes formas. No obstante, toda esa igualdad (nuestra humanidad y emocionalidad) y toda esa diferencia (experiencias y personalidad), nos ofrece un caminar que nos enseñará a aceptar que somos seres relacionales que necesitamos aprender y disfrutar nuestra dimensión social, porque nos nutre, nos da sentido de pertenencia y cambia totalmente la perspectiva de lo que había en nuestra mente antes de vivir la experiencia de participar.

Disciplina, constancia, entrega, confianza, disposición y humildad, siempre formarán parte de la clave para crecer y madurar emocionalmente; y darnos la hermosa y maravillosa oportunidad de que la sanidad llegue a nuestra vida.

No tenemos que vivir permanentemente como si el único lado de la vida fuera el desamor o la desesperanza. La vida es mucho más que querer ser feliz. Es el escenario que Dios nos ha regalado y preparado mientras estamos en nuestro cuerpo, en este plano, hasta llegar adonde pertenecemos: la Eternidad.

Psicología para formar psicólogos

(TRES DÉCADAS, GRANDES DIFERENCIAS)

G uiados en
R eunión en
U nidad con
P ropósito y
O rden

Les confieso que no sé cómo iniciar este apartado. Se me ocurre decir que en mi generación, cuando estudié en la universidad, éramos amantes de los libros (físicos), no digitales. Solo ese aspecto hace un cambio trascendental a la hora de leer, asimilar y aprender. Definitivamente, no es lo mismo tomar un libro en las manos para leer, subrayar o resaltar, que leer o ver un contenido en una pantalla.

En este sentido, indudablemente, para mí, el disfrute de leer un libro que pueda tocar con mis manos y sentir sus páginas, marca una gran diferencia. También hace muy diferente el proceso de análisis, síntesis y de adquisición del conocimiento. Esto, por supuesto, trae como consecuencia que nuestro proceso de aprendizaje haya sido muy diferente.

Nuestra conexión con el salón de clases físico, con el profesor, y nuestros amigos y compañeros, nos hizo más humanos y conscientes emocionalmente.

Tal vez les parezca un poco arcaica u ortodoxa, pero estoy convencida de que aunque la pantalla pueda ser útil, práctica y funcional en muchos aspectos o ventajas, también deshumaniza los procesos, porque nos impide tener un contacto físico con el elemento (libro), o con las personas, dependiendo del caso. El contacto físico es imprescindible para el desarrollo humano, social y afectivo.

Con esto no quiero decir que no haya sensibilidad humana hoy en día, pero los cambios sociales, culturales y globales que hemos vivido en los últimos tiempos, más el impacto de una pandemia que nos cambió a todos, como en un intenso abrir y cerrar de ojos, han traído un cambio radical a la humanidad y nos ha tocado adaptarnos para poder seguir adelante y, por supuesto, seguir aprendiendo a echar mano de los recursos que se nos presentan de la manera más sabia y prudente posible.

Me gustaría dejar como reflexión en este pequeño apartado que seamos sensatos y críticos a la hora de dar o recibir nuevos conocimientos. Que nos hagamos preguntas profundas e importantes, y que podamos dejar un legado en los alumnos o discípulos en los que tengamos la oportunidad de sembrar la semilla de la ética, respeto y amor al prójimo.

La psicología es una ciencia especial que abarca lo más delicado y sensible de la humanidad de una persona: su vida interior, pensamientos-emociones y conducta. No seamos superficiales

en el abordaje de un caso o situación, porque ese caso o situación no es una estadística, no es un número. Es un ser humano con necesidades, temores y dignidad, que merece respeto, atención y consideración al ser tratado, acompañado, educado e instruido en el significado de su vida interior, para poder alcanzar un nivel de consciencia diferente al que trae cuando viene a nosotros.

Ese ser necesita alcanzar un nuevo nivel de consciencia que le permita encontrarse con su potencial dormido o escondido, y darse la oportunidad de conectar con la posibilidad de ser una mejor persona o, al menos, diferente de cuando nos conoció.

Los maestros, los psicólogos, los que decidimos escoger este oficio, somos sembradores de ideas, alternativas y esperanzas nuevas para conectar con lo que significa el cambio y la transformación de lo que he sido y quisiera ser, lo cual no hemos logrado, o no han logrado los que vienen a nosotros, por falta de conocimientos y herramientas útiles y sensatas que lo inviten y lo inspiren al cambio.

De verdad, me cuesta mucho poder expresar y describir racionalmente los cambios que hemos vivido como ciencia y como humanidad en estos treinta años de ejercicio profesional. Lo que sí sé es que muchos valores y principios se han perdido en el caminar y en el desarrollo de esta disciplina.

Invito a los profesores a estimular la conciencia ética en sus alumnos, sea cual sea el escenario. Luchar por mantener la esencia y el significado verdadero de lo que implica formar y ser formados para acompañar y educar a personas que necesitan un cambio en su vida, y que acuden a nuestro espacio con la esperanza de encontrar diferentes alternativas.

Invito a los alumnos de hoy a tomar consciencia de lo que significa respetarse a sí mismos y reconocer sus propios límites en su proceso de aprendizaje. Considerar que, si no perciben vocación por acompañar empáticamente la humanidad de otra persona, es más saludable cambiar a tiempo de ocupación o enfoque que permanecer por compromiso, sin tener pasión por lo que hace.

No pude comparar las décadas, pero sí les puedo decir, con esta reflexión, que la generación de ahora necesita hacer mayor conexión consigo misma y con su entorno de manera consciente emocionalmente (conectarse); y comprender que acompañar, ayudar y enseñar a otro(s) son procesos que, forzosamente, requieren de un entrenamiento responsable y comprometido. Primeramente, con mi humanidad, y luego con la del otro.

Psicología online: desafíos y alcances en el mundo de hoy

No sé si esta sección es alentadora, desesperanzadora o desafiante. Pero, aunque en principio no tenía este punto en mi esquema, a medida que he ido avanzando en la escritura, meditación y reflexión, me di cuenta de que no podía dejarlo

por fuera como si fuera un tema aislado que no tuviera importancia en la psicología de hoy.

Tengo un gran respeto y admiración por los colegas que decidieron penetrar en las redes sociales para trabajar y desarrollar estratégicamente todo lo posible y necesario para ayudar. Reconozco que todavía me cuesta más de lo que quisiera. Sin embargo, entiendo que no solo es necesario, sino importante.

Es mejor hacer que no hacer. No obstante, me inquieta muchas veces la cantidad de charlatanes que también contaminan las redes con sus invitaciones mágicas al cambio. Eso ocasiona que la lucha sea más dura. También me hace entender que, de alguna manera, siempre hemos vivido en la lucha del más fuerte. En este sentido, supongo que nos toca hacer todo el ruido posible para permanecer en la ética y el respeto, además del estudio, preparación y actualización constante. Creo que allí está la clave, ya que no podemos tapar el sol con un dedo, ni controlar lo que pasa afuera; pero sí podemos responsabilizarnos de lo que somos, hacemos y ofrecemos como profesionales.

En este sentido, definitivamente pienso que el desafío está en seguir nutriendo nuestro ser con valores y principios éticos, de modo que la lucha por el bien prevalezca, aunque sea largo el camino y el proceso de desenlace para poder ver y disfrutar de ese fruto. Me refiero a que creo que el bien siempre estará por encima del mal, aunque a veces la lucha pueda cansarnos en un momento dado, como humanos que somos.

Esta reflexión, y crítica a la vez, la hago desde mi más profunda intimidad, con mis miedos y temores humanos, al ver lo contaminados que estamos como seres humanos de tanta información basura que hay.

De cualquier modo, quiero aferrarme a la idea de que aun con esa contaminación, siempre habrá una luz al final del camino o túnel, una luz que me hará conectar con la verdad y la esencia de lo que somos, y del propósito para el cual estamos en este mundo.

Mi mayor deseo es que estas líneas escritas, llenas de anhelos por el bien, puedan llegar al corazón de quien las lea y puedan servir de motor, bien para la confrontación, exhortación, crítica y reflexión personal de que nos evaluemos con la mayor frecuencia posible, a fin de que nuestro trabajo como profesionales de la conducta sea ético, responsable, amoroso, respetable y consciente.

Recordemos que, como humanos, tenemos límites. Y reconozcamos aún el alcance de los límites que podemos romper para ser mejores, pero también los límites que debemos respetar para apoyar el proceso del otro.

Es una cuestión de consciencia interior: emocional y espiritual. Creo que la trascendencia no ocurre sin responsabilidad y madurez personal primero.

Utilicemos los recursos que tenemos a la mano, no solo los tecnológicos, sino también aquellos que nos invitan a crecer y madurar interiormente. Eso nos llevará a ofrecer un mejor servicio como profesionales y también a conectarnos más conscientemente con lo que necesitamos recibir para dar lo mejor de nosotros.

P ara ayudar, acompañar y apoyar
S abiamente
I nteligentemente y actualizando los
C onocimientos necesarios para nosotros y que los
O tros
L ogren
O rden y
G uía en sus vidas
I nspirados conscientemente en
A mor propio y alegría

PARTE 03
Mi tercera Voz

Quién soy como pastora

Quién soy como pastora, creyente o seguidora de Cristo

Introducción

Estimado lector, lo que vas a leer a continuación ha sido lo más difícil de plasmar desde que comencé a escribir este libro, hace un año. Espero transmitir de forma amplia y comprensible lo que mi voz espiritual significa para mí.

Primero que nada, no creo en las religiones divididas. Creo que hay un solo Dios, creador, supremo, soberano y todopoderoso. Creo en la Biblia como el documento o manual que fue inspirado por Dios; y escrito por hombres que Él escogió para el propósito de transmitirnos quién es Él como nuestro Padre Creador. Creo en que Jesucristo fue su hijo enviado con múltiples propósitos, pero el mayor de todos, enviado para mostrarnos el incondicional amor de nuestro Padre, a través de su muerte en la cruz para perdón de nuestros errores como humanos.

Más allá de eso que les comparto, mi objetivo es reflexionar y compartir con ustedes los testimonios, sucesos y milagros que he vivido en este caminar de la mano de Dios.

Me tocará usar algunos conceptos que separan algunas religiones, solo por razones de comprensión cultural, no porque lo considere separado.

Crecí en un hogar católico con una madre muy devota y un padre con valores cristianos. Recuerdo cuando éramos niños, que íbamos a misa todos los domingos, sin falta. Recuerdo la importancia que ambos le daban a esa acto de ir a la iglesia, en familia, a recibir la palabra y bendición de Dios.

Entre mi pubertad y adolescencia, estudié en un colegio donde veíamos clases de religión, asignatura que no entendía, y fue por ello que me rebelé a los diecisiete años y decidí buscar otro camino espiritual que me llenara.

Ese camino se vio truncado temporalmente cuando ingresé a la universidad, y no fue hasta que me gradué, cinco años después, que lo volví a retomar. Es decir, pasarían diez años entre mi revelación en casa y mi búsqueda consciente y adulta del camino espiritual.

Pasé por la metafísica, astrología, el espiritismo, el budismo, los rosacruces y gnósticos, hasta que finalmente encontré a Jesucristo, o Cristo me encontró a mí.

Estoy segura de que me estaba esperando.

Mi camino como cristiana consciente inició hace veintitrés años, cuando fui invitada a un servicio religioso por mi terapeuta de aquel entonces. Al principio, me fastidiaba y no entendí ni la invitación, ni el propósito. Pero como siempre he sido una persona a la que le gusta ir más allá de lo que ve al principio, me dejé llevar por esa invitación y, a medida que el tiempo pasaba, fui entendiendo el propósito del proceso y el proceso del propósito.

Llegué a los pies de Cristo con una depresión profunda (la que compartí con ustedes al inicio del libro) que no sabía que tenía, pero que ya no podía ocultar.

El esfuerzo que había hecho para ocultarla me desgastó, me agotó, y fue el terreno o campo que Dios utilizó para poder establecer una relación más íntima conmigo y yo poder conocerlo a Él como nunca antes.

"La intención de esta porción del libro no es imponer que tú creas porque yo creo. Es traer esperanza al que se siente perdido, libertad al que se siente preso de sí mismo, fe al que perdió la visión, gozo al que perdió la alegría, y fuerza y determinación al que fue atrapado por el miedo".

Pero quiero aclarar que no soy yo quien tiene esa capacidad. Es Dios y su palabra escrita por más de dos mil años. Una palabra que tiene su Espíritu Santo y que, según esa misma palabra, ese Espíritu es el que puede traer convicción a tu ser interior.

Quiere decir que en esta porción del libro habrá más escritura de la Biblia que mía. Lo que haré será compartir pasajes que han marcado mi vida y sucesos que fueron cambiados por esa palabra poderosa para que yo hoy esté escribiendo para ustedes.

Los invito no solo a leerme, sino a meditar en la palabra de Dios.

Mi vida como pastora

Para iniciar este apartado, tomé la iniciativa de usar el siguiente esquema o gráfico, tomado de un taller de crecimiento espiritual, que me ayuda a ilustrar el recorrido de mi camino espiritual, el cual deseo compartir con ustedes con mucho respeto, sin el ánimo de decirles que yo soy dueña de la verdad.

Comparto mis creencias espirituales porque, para mí, son un testimonio del Dios vivo, y así quiero que lleguen al corazón de cada lector: como una invitación a la reflexión y meditación de porciones de la palabra de Dios, la cual ha hecho cambios profundos en mi ser desde que forma parte a mi vida.

¿Cómo me encontró Cristo?

Aunque conocen una buena parte de mi historia desde el inicio del libro, esta vez mi meta es contarla nuevamente, pero desde otra dimensión: la espiritual.

La primera historia de la Biblia que escuché y comenzó a cambiar mi vida fue la parábola de los talentos, que en la versión que usaré para fines de un lenguaje sencillo y actual, es titulada: "Haz buen uso de lo que Dios te da"; lo cual se acerca mucho más a lo que deseo compartir.

La historia completa la pueden encontrar en Mateo 25:14-30 y en Lucas 19:11-27. Sin embargo, compartiré la porción que me impactó e impulsó a hacer los primeros cambios profundos y verdaderos en mi vida.
Mateo 25:14-15, 24-25.

Palabra de Dios para todos (versión PDT)
Haz buen uso de lo que Dios te da:

> [14]» ***«El reino de Dios será como un hombre que se iba de viaje. Antes de irse llamó a sus siervos y los dejó encargados de administrar su fortuna. 15 A uno de ellos le dio 5000 monedas[a], al segundo le dio 2000 y al otro 1000. <u>A cada uno le dio una parte de acuerdo con lo que le era posible tomar a su cargo</u>. Después se fue a su viaje. [...] 24» Entonces***

el hombre que había recibido 1000 monedas se acercó a su patrón y le dijo: "Señor, yo sé que usted es un hombre duro. Cosecha donde no ha plantado y recoge donde no ha sembrado.* [25] *Tuve miedo y fui y escondí el dinero en el suelo. Aquí le entrego lo que es suyo"».

Dios nos hizo y nos conoce más que nosotros mismos, y sabe de nuestras capacidades porque Él mismo nos las dio. Este pasaje no se trata del uso del dinero o de lo que hagamos con él. Es una forma de ilustrar lo que decidimos hacer con los dones y talentos que Dios nos da, a cada uno, cuando nos forma y venimos a este mundo. Somos únicos, y la mejor forma de ratificarlo es a través de nuestra huella digital.

Cuando escuché esta historia por primera vez, tocó mis fibras más internas. Aquí descubrí y entendí que tenía hermosas y sólidas habilidades que Dios me había dado (cuando me formó en el vientre de mi madre: **Salmos 139:13**)*

Pero que yo, a lo largo del proceso emocional de vida, había enterrado, sin darme cuenta. Había decidido pasar desapercibida y quedarme atrapada en el miedo, en lugar de avanzar. Puedo decir que fue una palabra revelada a mi espíritu.

Muchas de nuestras decisiones las hemos hecho en el nivel inconsciente de nuestra mente. Y, aunque la psicología es una gran herramienta (puente, instrumento) para conocernos y comenzar a comprender emocionalmente lo que haremos para que nuestra vida cambie, es el Espíritu Santo de Dios que está manifestado en el espíritu de su palabra (la Biblia) el que, finalmente, nos muestra toda la verdad que está anclada en nuestro ser interior, esa verdad que nos impide avanzar más allá y conectarnos al propósito por el cual fuimos creados.

La psicología me ayuda a comprender los niveles de la mente. En este sentido, Freud, citado por Nelson Torres, en *La venganza del inconsciente*, llamó a estos niveles LI-BIDO, del hebreo antiguo [Li], que significa dos; y [bido], que significa vida. Quiere decir, "mis dos vidas", una que denomino consciencia; y la otra, a la que llamo inconsciente, porque no es consciente.

Siguiendo con la idea de cómo me encontró Cristo, quiero compartir una aclaratoria. La mayoría de las veces, escuchamos "cuando yo encontré a Cristo". Pero lo cierto es que es Él quien nos ha estado esperando hasta que nos encuentra. Es decir, nosotros lo buscamos, para que sea Él quien nos encuentre.

En la introducción de este apartado, les comenté todos los atajos, religiones o filosofías con las que me topé queriendo buscar a Dios, su amor, paz y su aceptación. No sabía que eso era lo que buscaba. Pero a medida que fui conectando con su mensaje, fui teniendo la certeza de su cobertura y su amor incondicional.

No es algo mágico. Dios no es magia, no es truco. Todo lo que Él hizo, hace y hará con nosotros, ya está escrito: *2 Corintios 5:17 «[17] Si alguien está unido a Cristo, hay una nueva creación. Lo viejo ha desaparecido y todo queda renovado.[a]»*. Se trata de un nuevo nacimiento. No físico, sino espiritual.

Dios tiene el poder de sanarnos inmediatamente de lo que necesitemos, porque Él es soberano y todopoderoso. Es nuestro arquitecto, nuestro creador. Él sabe quiénes somos más que nosotros mismos (Salmos 139:1-18,23-24)*, pero le interesa mucho que vivamos y caminemos el proceso, porque si no, tal vez no valoraríamos cada detalle de los que Él se encarga para renovar y transformar nuestro ser.

Este es uno de mis Salmos preferidos. Me llena de fe y esperanza, de gozo y de seguridad

Parafraseándolo, describe lo siguiente:

Dios nos conoce en todo porque Él nos diseñó. Conoce nuestros pensamientos, sentimientos y necesidades. Conoce nuestra palabra antes de ser expresada y nuestros temores. Aunque queramos escondernos de Él, no podemos, porque es omnisciente, omnipotente y omnipresente. Eso quiere decir

que lo sabe todo, lo puede todo y está en todas partes, al mismo tiempo. Igual, les recomiendo que lo lean, porque mis palabras no son suficientes para describir todo lo que ahí se dice.

Deseo aclarar algo. Él puede hacer lo que desee, pero nunca lo hará en contra de nuestra voluntad. Él (Dios) nos dio la libertad de escoger y Él solo actúa si se lo pedimos, y si abrimos nuestra mente y corazón para recibir de su poder sanador y liberador. ¿Liberador de qué? De la prisión emocional y espiritual en la que hemos estado antes de que nos encuentre. Juan 8:32, "[32] *Conocerán la verdad, y la verdad los hará libres.*" Se refiere a la verdad de su creación y al propósito para el cual nos creó y diseñó, no a los guiones que recibimos desde niños, de generación en generación, y que se convirtieron en falsas verdades o mentiras verdaderas. Su verdad tiene que ver con la libertad interior, emocional y espiritual, sin importar lo que afuera suceda o deje de suceder.

Sé que, humanamente, esto es prácticamente imposible. Sin embargo, por eso es que necesitamos de su fuerza; porque con la nuestra, sola, no llegaríamos a ninguna parte, más allá de nuestra nariz.

Por su parte, la psicología es útil para identificar las mentiras emocionales y heridas que nos han acompañado en nuestra vida. Pero en la dimensión espiritual, el Espíritu Santo es el que nos muestra la raíz de dichas mentiras para ser liberados a través de la verdad de Dios. En nuestra mente está grabada una realidad que no podemos cambiar. Es decir, no podemos cambiar nuestras heridas, ni nuestro pasado. Sin embargo, la soberanía de Dios nos envuelve en su verdad, que va mucho más allá de nuestra capacidad de comprensión intelectual o emocional, porque es sobrenatural.

Ojo, no estoy diciendo que debo negar mi realidad de vida: caótica, desordenada, triste o desconfiada. Estoy diciendo que, cuando conozco la verdad de Dios, mi realidad cambia y se posiciona a un nuevo nivel de entendimiento y comprensión, que me permite tomar decisiones más sanas y sabias de las que había tomado desde mi perspectiva emocional herida. *(Romanos 12:2)*

> *«[2] No vivan según el modelo de este mundo. Mejor dejen que Dios transforme su vida con una nueva manera de pensar. Así podrán entender y aceptar lo que Dios quiere y también lo que es bueno, perfecto y agradable a él».*

Tampoco estoy diciendo que el 100 % de nuestra vida sea un caos, ya que todos tenemos una parte sana, que es la que nos lleva a buscar y recibir ayuda. Lo que quiero decir es que el caos que está en mí, es lo que me impide avanzar a una mejor dimensión, vinculada al diseño original de Dios, que tiene que ver con el fruto del Espíritu y no con mis heridas emocionales. (Gálatas 5:22-23, 25),

«[22] En cambio, el Espíritu produce amor, alegría, paz, paciencia, amabilidad, bondad, fidelidad, [23]humildad y dominio propio. [...] [25]Ya que el Espíritu nos da vida, debemos dejarlo que nos guíe».

Cuando Cristo me encontró, yo estaba agotada de luchar con mis propias fuerzas y mi conocimiento para "sanarme".

Dios nos da de su fuerza y poder, nosotros nos disponemos. Quiero ser enfática en esto: Él no trabaja sin nuestra disposición, porque nos dio libre albedrío, (*"Libertad individual que requiere reflexión y elección consciente."* [Definiciones de Oxford Languages]). Esto es muy importante, porque la tendencia es a ir a los extremos: los cristianos, en general, espiritualizan todo; y algunos psicólogos tienden a "psicologizar" todo. Por ello, es importante pedir a Dios sabiduría de lo alto y discernimiento para poder separar cada área y llamarlas por su nombre. (*1 Tesalonicenses 5:23*):

«[23] Nosotros oramos para que Dios mismo, el Dios de paz, los purifique completamente para que pertenezcan sólo a él. También pedimos para que todo su ser: su espíritu, su alma y su cuerpo permanezcan siempre sin mancha para cuando el Señor Jesucristo regrese».

La verdad, les digo que no imaginé cómo desarrollaría esta parte, pero estoy segura de que estoy siendo guiada en cada palabra y pasaje bíblico que he colocado desde que empecé.

Momentos en los que Cristo se ha manifestado en mi vida

Como les compartí, la primera forma en que Dios se manifestó en mi vida fue a través de la *parábola de los talentos*. Entonces decidí comenzar a dar los pasos para ir desenterrando cada uno.

Recordemos que cambiar es un proceso y me atrevo a decir que es un proceso en equipo, entre Dios y yo.

Vale la pena acotar que, aun cuando tengamos presente la palabra de Dios y nuestra comunión con Él en el proceso de sanidad personal, es importante que podamos incluir en nuestro binomio (Dios—yo) a alguien que nos pueda acompañar, como, por ejemplo, un sacerdote, un pastor, un terapeuta, un mentor o un *coach*. ¡Tú decides!

En fin, somos libres de escoger, recordando que Dios es relacional y que no pretende que nos aislemos para crecer. En todo caso, pienso que lo más importante es que quien nos acompañe sea una persona preparada, objetiva, que conozca la palabra de Dios y, aún más importante, que no se haga aliado de mi conflicto o de mi personalidad, sino más bien de los principios y fundamentos que me llevarán a hacerme responsable de quien soy y de lo que me sucede.

No es igual ser libre siendo consciente emocional y espiritualmente, que aquel que cree ser libre, pero está lleno de ataduras en su vida que no le permiten avanzar, y hacer un cambio verdadero y profundo.

En el proceso, vamos invitando al cambio progresivamente a nuestro entorno; y lo que va ocurriendo es que nos acompaña aquel que está más sano y consciente. Los otros, se marchan paulatinamente. Aquellos que no toleran nuestro cambio y, por supuesto, tienen derecho a tomar su decisión de alejarse.

Cambiar es un proceso de vida, y Dios nos va quitando las capas a medida que nos vamos entregando confiadamente al entendimiento de su palabra, a su diseño y a su propósito.

Sabemos que cambiar no es fácil. Por eso, no se puede dar todo de un momento a otro. Dios nos pone retos, circunstancias y personas que nos van mostrando cada situación a cada paso, hasta que tomamos la decisión de iniciar nuestro caminar a la verdadera transformación.

> *Josué 1:9, «[9] Te repito: sé fuerte y valiente. No tengas miedo ni te desanimes porque el SEÑOR tu Dios estará contigo donde quiera que vayas».*

Son muchos los momentos en los que Dios se ha manifestado en mi vida. Puedo decir que todos los días son, para mí, un milagro en todos los sentidos. Sin embargo, entiendo que, humanamente, muchas veces no lo veamos así porque damos la vida por sentada y creemos que todo lo que sucede, o gran parte, es lo natural y así debe ser.

De cualquier modo, compartiré con ustedes algunos momentos en los que, espiritualmente, sentí la mano poderosa de Dios actuar sobre mi vida de distintas maneras.

Una de las situaciones más fuertes para mí fue mi inseguridad personal, vinculada a exponerme para expresar tanto mis conocimientos, sentimientos o mi interior. Para superarlo, una de las cosas que usó Dios fue la radio y el salón de clases. He tenido grandes oportunidades para exponerme al público y expresarme con libertad. Sin embargo, fue y sigue siendo la oración continua y mi trabajo emocional personal disciplinado lo que me permitió aprender a disfrutar mi exposición, sin ningún temor.

Mientras iba de camino a la radio o a dar clases, en muchas ocasiones, iba con taquicardia, pero con fe. Decidí avanzar y hacerlo, en lugar de quedarme presa del malestar que se manifestaba. Aprendí a depender de Dios, poniendo en práctica la oración como hábito, usando la palabra de Dios.

1 Tesalonicenses 5:16-18, «[16] Estén siempre alegres. [17] Nunca dejen de orar. [18] Den gracias a Dios siempre, porque eso es lo que Él quiere para ustedes en Jesucristo».

La fe es lo opuesto al miedo. Sin embargo, si no aprendo a enfrentar mis miedos, tampoco se manifiesta la fe como fruto del Espíritu. El poder de Dios se activa mediante nuestra debilidad aceptada y entregada a Él. No es algo que podemos entender con nuestra mente intelectual. No es para razonarlo. Es para dejarlo fluir y se manifestará. Basta nuestra entrega y disposición, Dios se encarga del resto.

"1 Corintios 2:14-16, «[14] El que no es espiritual no acepta lo que viene del Espíritu de Dios porque le parece una tontería. No puede entenderlo porque eso tiene que juzgarse espiritualmente. [15] [...] Pues así está escrito: [16] «¿Quién conoce la mente del Señor? ¿Quién puede darle consejo?» [a]Pero nosotros tenemos la mentalidad de Cristo».

Otra anécdota superimportante para mí fue en la víspera de un Congreso de Mujeres al que asistí. Después de varias noches despertando en la madrugada, sin razón alguna (sin que haya una situación por enfermedad), para nosotros, los creyentes, significa que Dios nos está despertando porque nos quiere decir algo. A la tercera noche consecutiva, volví a despertar y decidí decirle a Dios: "Si eres tú el que me está llamando, despiértame más tarde y haré lo que me digas". Y así sucedió. Fui despertada más tarde, esa misma madrugada.

A partir de esa noche, mi vida espiritual experimentó un nuevo nivel de comunicación con Dios y su Espíritu Santo. Desde entonces, lo que Dios hace es colocar en mi pantalla mental (donde visualizamos en relajación) el número del versículo con el que Él me quiere hablar. No siempre lo entiendo inmediatamente. Sin embargo, creo que una de las cosas más importantes es gozar del privilegio de escuchar a Dios a través de su palabra, no solo de que Él me escuche.

Él se vale de muchos instrumentos, personas y/o estrategias. A nosotros nos toca estar alertas para identificar y discernir el mensaje; y hacer la tarea que nos encomienda en el momento preciso. *Mateo 13:9,16*

Continuando con el relato anterior, les comparto que, gracias al pasaje bíblico de esa noche, y al congreso al que fui, mi experiencia en la comunicación con Dios cambió radicalmente mi vida espiritual.

El título de este libro se lo debo a ese pasaje bíblico y a la editora. Hasta ahora, después de muchos años (aproximadamente, nueve años), es que vengo a integrar la idea completa de la porción de la palabra que, poco a poco, se ha ido cristalizando en mi vida, y es la siguiente:

> *Isaías 66:6 «[6] Escuchen, de la ciudad viene un ruido fuerte; una voz sale del templo. Es la voz del SEÑOR, dándoles a sus enemigos lo que se merecen». (Versión PDT).*

Aunque esa es la versión que vengo usando en el libro, esta vez quiero agregar otra versión para poder explicarme mejor. La función de las diferentes versiones es útil para comparar y comprender mejor, para fines de estudio y meditación. La esencia del mensaje es el mismo. Sin embargo, los sinónimos ayudan mucho.

En la versión Reina Valera (1960), que fue como recibí el mensaje, dice así:

> ***«6 Voz de alboroto de la ciudad, voz del templo, voz de Jehová que da el pago a sus enemigos».***

Aquí hay tres voces: la de la ciudad, la del templo y la de Dios.

Isaías fue un profeta, y en el Antiguo Testamento la tarea de los profetas era llevar el mensaje de Dios al pueblo y también a los perdidos. El profeta es el encargado de bajar el diseño de Dios para que su mensaje sea más comprensible y digerible.

Para comprender ese pasaje que Dios me entregó, tuve que consultar a varias personas más conocedoras que yo de la Biblia. Y, con el pasar del tiempo, también continué preguntándole a Dios. Por mucho tiempo de mi vida, me aislé, me encerré en mí misma y llegué a creer que mi voz no era importante. Tiene que ver con mi infancia y las diferentes situaciones emocionales que me tocó vivir en mi núcleo familiar. Sin embargo, como les he dicho, cuando llegamos a los caminos de Dios, Él se encarga de que nuestra vida cobre sentido y encuentre un propósito.

En la simbología bíblica, yo puedo ser la representación de una ciudad o nación. El templo es nuestro cuerpo, de donde sale nuestra voz, y uniendo ambas cosas, nos convertimos en la voz de Dios.

Cuando entramos en la dimensión espiritual de nuestra vida y decidimos mantenernos en ella como forma de vida, no hay manera de que no seamos la voz de Dios cada vez que Él lo requiera. Esto, inevitablemente, se une al tema de los talentos y dones. Dios nos los da para que sean usados para su pueblo y para la humanidad, no para que se queden atrapados dentro de nosotros.

Por mucho tiempo, me pregunté qué significaba que la voz del Señor les da el pago a sus enemigos. Y entendiendo más la función de los profetas, y las consecuencias de nuestros actos negativos hacia nosotros mismos y al prójimo, a pesar de mí misma, he entendido que Dios no castiga. De antemano, estamos perdonados porque, cuando Jesús fue a la cruz, fue a redimirnos del pecado, para que tengamos vida eterna. Esto quiere decir que Dios nos perdona porque tiene amor y misericordia con y por nosotros, pero no puede evitar la consecuencia o el fruto de nuestras acciones. Es decir, cosechamos lo que sembramos en nuestra mente, en nuestro cuerpo y en nuestro espíritu.

Para los que llevamos la voz de Dios, muchas veces, nuestra labor no es fácil, porque nos toca confrontar y no es algo agradable, pero es necesario, y aquel que no está abierto a la corrección de Dios, a través de sus instrumentos (pastores, apóstoles, evangelistas, maestros y profetas), es como si esa persona, por sí misma, decidiera estar en la dimensión espiritual de la enemistad con Dios, de todo lo que está contrario a la voluntad y disciplina de Dios.

> *Hebreos 12:11 «[11] No nos gusta cuando nos corrigen porque nos duele, pero luego de haber sido corregidos da buenos resultados. Entonces nos llenamos de paz y empezamos a vivir como debe ser».*
>
> *Efesios 4:11 «[11] Cristo mismo le dio dones a la gente: a unos, el don de ser apóstoles; a otros el de ser profetas; a otros el de anunciar la buena noticia de salvación*; y a otros el de ser pastores y maestros». [*estos son los evangelistas]*

No me queda mucho más que decir para finalizar esta sección. Dios se ha manifestado de múltiples maneras en mi vida y aún queda una anécdota por contar, una experiencia muy importante para mí, que todavía saboreo y que me da una sensación de cosquilla porque, a este punto del libro, casi parece mentira.

Durante poco más de doce años de mi vida, facilité grupos terapéuticos, de apoyo y crecimiento personal para estudiantes universitarios de psicología y pacientes en general. Y esto que diré no es fácil de expresar.

A medida que iba madurando en el proceso como facilitadora, mi vida espiritual presentaba retos de diferente índole. En este sentido, quiero compartir algo que marcó mi vida con respecto a mi forma de dirigirme a los grupos, y en las charlas que brindaba a quienes acudían a mi consulta. Anteriormente, sentía vergüenza al hablar de Dios y me inhibía pensando en el qué dirá de la gente. Ese hecho, como todo en mi vida ahora, se lo entregué a Dios, porque no sentía paz al tener bochorno de expresar su amor y poder soberano y supremo sobre todas las cosas, incluyendo la psicología pura.

Todo lo que pongamos por encima de Dios, se convierte en un ídolo, y eso se llama "idolatría". Me tomó mucho tiempo aceptarlo y entenderlo, hasta que lo solté por completo.

> *Romanos 1:16 «[16] Pues no siento vergüenza de la buena noticia acerca de Cristo porque es el poder que Dios usa para salvar a todos los que creen en él. Se anunció primero a los judíos, pero ahora también se anuncia a los que no son judíos [a]».*

A partir de allí, mi vida sufrió aún más cambios. Esta vez más profundos, pero a mi favor. Aprendí a ser más flexible conmigo misma y con los otros. Sé que Dios me sigue suavizando, porque,

en ocasiones, me descubro todavía siendo muy dura conmigo misma. A veces, más que con otros.

Pude entender que mi trabajo no dependía de si la gente estaba de acuerdo conmigo o no. Estoy segura y convencida de que soy guiada por Dios en cada paso, porque siempre le entrego mi camino. En muchos momentos, estuve abrumada por los procesos grupales. Eso hacía que me acercara más a Dios y continuara pidiéndole sabiduría y entregando el grupo en sus manos. Lo que más me impactaba es que los grupos nunca dejaban de crecer, tanto emocional y espiritualmente, como en tamaño.

Para mí, era la confirmación de parte de Dios de que estaba haciendo el trabajo que Él me había encomendado: incluirlo a Él en todo.

> *Salmos 32:5 « [5]Entrega al SEÑOR tu vida; confía en él y Dios actuará».*

¿Cómo nació el (mi) Ministerio?

Una vez convencida de incluir a Dios en el ejercicio de mi profesión, a través de los servicios dominicales y de personas que comenzaron a llegar a mi vida, Dios me fue aclarando progresivamente (por supuesto, esto es un proceso de vida) sobre qué y cómo iba a hablarle (a la luz de la palabra) a la gente que llegara a mí.

Antes de continuar, les explico qué es un ministerio de servicio a Dios:

"Un ministro, en el cristianismo, es una persona creyente, autorizada por una Iglesia u otra organización religiosa para realizar funciones eclesiásticas, como pueden ser la enseñanza de las creencias, una serie de servicios destacados como bodas, bautizos o funerales o el de proporcionar una guía espiritual a la comunidad".

El término proviene del latín minister ('sirviente', 'asistente'), que a su vez se deriva de minus ('menos, menor').[1] En griego antiguo, **διάκονος**, *diákonos, utilizado en el Nuevo Testamento, también se traduce como ministro, en el sentido de "siervo"[2].*

El ministerio es el servicio que un creyente realiza de acuerdo con una llamada particular de Dios, para la Iglesia y la misión."

Una de mis madres espirituales me decía: "Ya tú tienes un ministerio". Y en aquel momento no entendía lo que me quería decir. Así, a medida que maduraba en el conocimiento de la palabra de Dios y en la iglesia dentro del liderazgo, por supuesto, iba a la par creciendo profesionalmente, y fui asumiendo y adoptando un método y modelo de trabajo que, cada día, se ha ido renovando, transformando y fortaleciendo en todas las dimensiones de mi ser y en las diferentes áreas de mi vida; como

hija de Dios, como persona, como esposa, como hermana en la fe, como familiar y como profesional al servicio del Reino de Dios.

Estoy hablando del Ministerio de Sanidad Interior, cuyo propósito es orientar, enseñar y acompañar a aquella persona, pareja o familia que tenga heridas emocionales que le impiden llevar una vida emocional y espiritual consciente y saludable a la luz de la palabra de Dios.

A continuación, amplío el concepto a la luz de la palabra.

---

1 Tesalonicenses 5:23 «[23] Nosotros oramos para que Dios mismo, el Dios de paz, los purifique completamente para que pertenezcan sólo a él.

También pedimos para que todo su ser: su espíritu, su alma y su cuerpo permanezcan siempre sin mancha para cuando el Señor Jesucristo regrese».

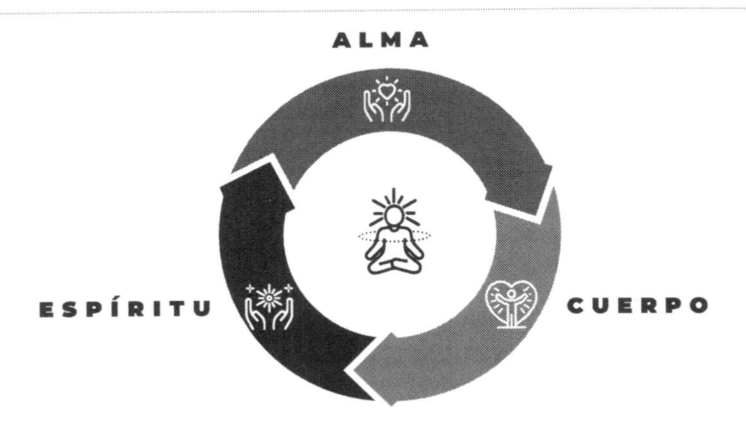

ESPÍRITU: aliento de vida

ALMA: emociones, pensamientos y voluntad

CUERPO: cinco sentidos y sistemas

Somos seres espirituales que tenemos un alma y habitamos en un cuerpo. Se nos hace difícil entender lo que somos porque lo único que vemos es el cuerpo. El espíritu no se ve y el alma tampoco. Es decir, para descifrar el contenido del alma, es necesario conocer los pensamientos que hay en la mente nuestra o de otra persona. Solo podemos ver o percibir las emociones manifestadas en la persona, a traves de su conducta.

De acuerdo a este diseño de Dios (ser: espíritu-alma y cuerpo), los psicólogos nos ocupamos del estudio del alma, que es donde están contenidos nuestros pensamientos, emociones y voluntad.

Los médicos se ocupan del estudio del cuerpo a través de la biología, anatomía y de todo su funcionamiento (los cinco sentidos y los diferentes sistemas de nuestro cuerpo).

El estudio del espíritu no lo podemos ver, solo lo podemos percibir, meditar y vivenciar, a través del estudio de la palabra

de Dios, la cual contiene su Espíritu Santo. Es una experiencia netamente personal que solo viviéndola la podemos "comprender", con entendimiento espiritual, conocimiento de Dios y meditación de las escrituras que Dios nos dejó (Biblia).

---

2 Timoteo 3:16-17 «[16] Toda la Escritura es un mensaje enviado por Dios, y es útil para enseñar, reprender, corregir y mostrar a la gente cómo vivir de la manera que Dios manda, 17 para que el siervo de Dios esté listo y completamente capacitado para toda buena obra».

Santiago 1:5 «[5] Si a alguno de ustedes le falta sabiduría, pídasela a Dios, y él se la dará. Dios es generoso y nos da todo con agrado».

3 Juan 2 «[2] Estimado hermano: le pido a Dios que te vaya bien en todo y que tengas buena salud física, así como la tienes espiritualmente».

En otra versión, dice: "Para que prosperes como prospera tu alma", lo que quiere decir que cuando nuestros pensamientos y emociones no están bien, nuestra vida no prosperará; porque la prosperidad no está vinculada solo al área financiera, como se ha hecho creer a través de la sociedad y cultura.

Lo que quiere decir es que cuando estamos sanos en el interior (emocional + mental = psicológicamente), la manifestación de nuestra conducta o comportamiento será congruente a lo que hay en nuestro interior. Es importante saber que la sanidad interior es un proceso de vida. Sin embargo, cuando Dios comienza la obra, la perfecciona hasta que lleguemos a su presencia.

Filipenses 1:6 «[6] Estoy convencido de que Dios empezó una buena obra entre ustedes y la continuará hasta completarla el día en que Jesucristo regrese».

Para cerrar este apartado del significado de la sanidad interior y de cómo, cuándo se inició y manifestó este ministerio en mi vida, les puedo decir que un día me encontré trabajando con grupos de iglesias que conectaron conmigo para solicitar mis servicios como psicóloga cristiana, y apoyar el liderazgo de la iglesia en los procesos de sanidad interior. Es decir, de trabajo emocional, en general.

Líderes y pastores se dieron cuenta de que, si los líderes no recibían un entrenamiento combinando, trabajo de las emociones con la palabra de Dios, había un cansancio y deterioro en el cuerpo de liderazgo; y también comenzaron a suceder situaciones en las que los miembros de la iglesia no estaban siendo orientados correctamente por la falta de consciencia y madurez emocional, y por profundas dificultades en hacer práctica la aplicación de la palabra de Dios.

De igual forma, ya en ese tiempo había comenzado a insertar principios bíblicos en mis charlas de orientación psicológica al

público. Imagino que eso fue lo que produjo esa conexión con nuevos grupos y organizaciones.

Agradezco mucho la escuela que tuve de un psiquiatra cristiano reconocido en mi país, que fue a través del cual aprendí este modelo de atención. Una de sus discípulas fue mi terapeuta por doce años. Fue un largo camino de sanidad personal, liberación espiritual, entrenamiento emocional y entrenamiento para la vida, hasta que me independicé y lo comencé a hacer por mí misma. Siempre entregando todo a Dios.

De eso, hace aproximadamente quince años. En la actualidad, ya no me veo trabajando de otro modo, aunque tengo un empleo para apoyar en la economía del hogar. También continúo trabajando como psicóloga a nivel privado. Mi pasión es ayudar y acompañar a la gente a descubrirse, a descubrir cómo usar su potencial y mejorar su estima personal y sus relaciones.

De algún modo, pienso que eso es parte de la base personal y psico-social que necesita un ser humano para poder llevar una vida edificante, saludable y nutritiva, emocional y espiritualmente. No necesariamente perfecta, pero sí que pueda darse cuenta de que tiene derecho a sanar y crecer interiormente; y, además, a fortalecer su ser interior, para seguir adelante de una manera digna.

¿Cómo estoy sirviendo hoy?

Gálatas 6:9 «[9] No debemos cansarnos de hacer el bien. Si no nos rendimos, tendremos una buena cosecha en el momento apropiado».

Este es uno de los pasajes bíblicos que me acompaña para mantenerme en la obra para el Reino de Dios. Todos, sin excepción, tenemos luchas que nos hacen sentir cansados. Es parte de la vida. También nos equivocamos y pecamos. Sin embargo, estoy convencida de que Dios es un Dios de oportunidades todos los días y que ese principio también nos ayuda a seguir adelante, aun en cualquier tribulación o dificultad. Eso también es parte de la vida cotidiana.

Isaías 40:29-31 «[29] Él da fuerzas al cansado y poder al indefenso.

[30] Los jóvenes se cansan y fatigan; los muchachos quedan exhaustos y caen.

[31] Pero los que tienen su esperanza puesta en el SEÑOR renovarán sus fuerzas.

Les crecerán[a] alas como a las águilas; correrán sin fatigarse, caminarán sin cansarse.»

Este pasaje se refiere no solo a la fuerza física, sino también a la espiritual. Siempre la necesitamos, porque el mundo nos reta todos los días de formas positivas y negativas, y los que estamos conectados con la búsqueda de la paz y la sanidad sabemos que necesitamos renovarnos cada día de diferentes formas, sanas y positivas.

Lamentaciones 3:22-23 «[22] El fiel amor del SEÑOR nunca termina[a]; su compasión no tiene fin, [23] cada mañana se renuevan. ¡Inmensa es su fidelidad!».

Efesios 6:10 «[10] Finalmente, confíen en el gran poder del Señor para fortalecerse».

Sigo sirviendo a Dios a través de esta profesión que escogí o que Él me dio como pasión, como talento y como potencial; que, a través de los años de arduo trabajo, he ido desarrollando. Por supuesto, con la gracia y el favor de Dios, que siempre me acompañan.

El trabajo pastoral no es un trabajo sencillo. Implica guiar, instruir, exhortar, acompañar y edificar a la luz de la palabra de Dios, lo que también implica estudiarla y meditarla para nosotros mismos, de modo que podamos guiar con principios y fundamentos sólidos, al mismo tiempo que aceptar nuestra humanidad débil o errónea muchas veces.

Tampoco es fácil ser psicóloga. Sin embargo, cada reto que se presenta cada día es una nueva oportunidad que Dios nos da para poder saber en qué punto o nivel de madurez estamos caminando en las diferentes áreas de nuestra vida. Lo más importante es entender que no tenemos todas las respuestas, ni que podemos con todo el peso sobre nuestros hombros. Es bueno saber que siempre habrá algo nuevo que aprender y que enseñar. Si no, la vida tendría muy poco o ningún sentido.

Como humanos, somos seres vulnerables y dependientes, y que ese también es un punto importante de identificar y reconocer, entendiendo que es mejor depender de Dios que de las circunstancias o de nuestro conocimiento. El conocimiento de Dios es sobrenatural y está por encima de nuestra capacidad. Se trata también de aceptar y disfrutar esa realidad.

Nuestra capacidad es limitada, pero la de Dios, como nuestro arquitecto y diseñador, no. Él es supremo, soberano y, para los que somos creyentes y seguidores de Cristo, sabemos lo que eso significa.

El recorrido que me he permitido hacer a lo largo de este año, que me tomó escribir este, mi primer libro, ha sido interesante, retador, terapéutico y motivador.

Espero en Dios no sea mi primer y único libro. Creo que aún Dios tiene muchas cosas para mí y para los lectores identificados con este género de escritura (literatura).

Mi intención en este apartado, en esta, una de mis voces, no ha sido hacer una disertación sobre la Biblia como punto de apoyo en mi experiencia de compartir testimonios personales. El propósito principal, para mí, ha sido expresar la gloria de Dios en todo tiempo y cómo su poder actúa sobre cada uno de nosotros. El objetivo no es exaltarme, sino poder compartir con el lector que, cuando buscamos a Dios, Él nos responde, nos capacita y envía al cumplimiento de su propósito.

> *Filipenses 3:12-14 «[12] No quiero decir que ya llegué a la perfección en todo, sino que sigo adelante. Estoy tratando de alcanzar esa meta, pues esa es la razón por la cual Jesucristo me alcanzó a mí. [13] Hermanos, no considero haber llegado ya a la meta, pero esto sí es lo que hago: me olvido del pasado y me esfuerzo por alcanzar lo que está adelante. [14] Sigo hacia la meta para ganar el premio que Dios me ofreció cuando me llamó[a] por medio de Jesucristo».*

La verdadera motivación, de momento, no es profundizar en el entendimiento de la palabra de Dios, que, para mí, es la Biblia. Lo que deseo es que el lector pueda ver de forma sencilla su aplicación a la vida diaria, entendiendo que es un libro profundo y complejo que requiere dedicación, estudio, meditación y que va siendo revelado a nuestro ser, según el proceso de cada uno; pero, sobre todo, de acuerdo al propósito de Dios en nuestras vidas y al cumplimiento de su voluntad en cada uno de sus hijos.

Deseo, de todo corazón, que vean que Dios es accesible en todo momento, a través de sus mensajeros y de su palabra.

Epílogo

Mirando hacia atrás en la película, de vuelta a mi infancia, recuerdo que fui una niña muy sola. Crecí con muchos miedos y temores. Mi mamá fue una madre maltratadora, físicamente, ansiosa y creo que llena de miedos también. Eso me hizo una niña, adolescente y mujer insegura.

Hoy no la culpo. También fue una herencia que ella recibió. Luego, siendo adulta, lo escuché de diferentes maneras, aunque ella no lo expresaba abiertamente. Ella creció con muchas carencias, físicas y materiales.

Cuando lo pienso, creo que nos lo transmitió a todos sus hijos, de una u otra forma. Eso no es fácil de digerir o entender, sino hasta cuando asumimos un proceso de sanidad personal profundo. No podía entender cómo la mamá que me golpeaba en el día era la misma que me enseñaba a orar en las noches (aunque hoy sé que eso fue lo que me salvó emocional y espiritualmente).

A medida que pasó el tiempo, eso comenzó a generar mucha confusión en mí y creo que por eso no quería ser como ella.

Mi papá fue muy tierno la mayor parte del tiempo (eso también me salvó emocionalmente), aunque gritón y regañón, como buen italiano; pero casi nunca estaba en casa porque trabajaba demasiado y viajaba por trabajo. Un niño no comprende la ausencia física de un padre, sin importar si es eventual o frecuente.

Todos tenemos cosas profundas que resolver y nuestros padres nos dieron lo mejor que tuvieron y como pudieron, aun con sus errores.

Cuando escribo estas líneas, lloro nuevamente al darme cuenta de lo aislada que estaba. Crecí teniéndole miedo a la gente. Me costaba acercarme, tal vez pensando o creyendo que sería maltratada físicamente y rechazada socialmente. Entonces, sin saberlo, me convertí en una niña que estaba siempre a la defensiva, agresiva y, ya de pequeña, los niños del colegio me llamaban "marimacha", porque hacía juego de varones. Toda mi escuela primaria fue así: con ese bullying. Sumado a eso, físicamente, crecí con una anomalía en mis riñones y me tenían que hacer exámenes físicos (urografías).

En esos exámenes, tenía que orinar con un tubo en la uretra porque era la única manera de ver los riñones en los rayos X.

Fueron muchas las veces que quedó en mi cuerpo grabada esa sensación de violación, porque los médicos tenían que agarrarme los pies y las manos para poder hacer el examen físico. Eso ocurrió desde los dos años y medio hasta los nueve. La forma en que resolví mi dolor emocional en la adolescencia fue jugando básquetbol, un deporte de contacto agresivo. Allí drenaba mi rabia. Paralelamente, recibía clases de ballet. Sentía dos personas dentro de mí. Una agresiva y a la defensiva, y otra sublime, que quería ser mujer y no sabía cómo. También comencé a fumar cigarrillo en mi adolescencia, vicio que tuve por más de veinte años.

Tuve algunos novios en mi adolescencia, pero nada de eso funcionaba mucho para mí, aunque los chicos me gustaban. Cuando entré en la universidad, tuve una fuerte decepción amorosa con un chico. Esto me llevó a cambiar el rumbo afectivo de mi vida y desde allí, por más de diez años, me involucré románticamente con mujeres. Esto me llevó a una depresión profunda, ocho años después de haberme graduado de psicóloga. Allí fue cuando conocí a Cristo y su amor incondicional (eso fue hace veintitrés años).

Cuando conocí a Cristo, descubrí que había enterrado todos mis talentos y le prometí que no lo haría más. Ha sido un largo y difícil, pero hermoso camino que agradezco infinitamente. A través de diferentes procesos terapéuticos y espirituales pude recuperar mi diseño original como mujer y mi verdadera identidad como hija de Dios. A través de su bendición y amor he recuperado mi voz, aquella que, de niña golpeada, no podía salir ni defenderse. Y esa voz que ha puesto en mí el Señor, ahora es usada para proclamar su verdad, para bendecir su nombre, para dar esperanza al perdido y para acompañar al oprimido. También para sembrar semillas de fe, amor y esperanza en los corazones y las almas que Dios envía a mi vida.

Todavía me falta, pero ahora ya no hay más duda ni dolor. Hay certeza, esperanza, confianza y seguridad. Ya no le tengo miedo a la gente para la gloria de Dios. Antes no me hubiera atrevido a compartir mi testimonio públicamente, pero tenemos que aprender que no es nuestro testimonio, que es el testimonio de Él en nuestras vidas, que no hay nada imposible para Él.

El año pasado, tuve una experiencia en una enseñanza de sanidad interior que yo estaba impartiendo y el Espíritu Santo me dijo claramente: "Si todavía tienes vergüenza de tu testimonio, es como si creyeras que yo no he hecho nada por ti y no estás sana. Prepárate para hablar en público de lo que yo he hecho en tu vida y deja la vergüenza atrás".

Él restauró mi identidad y mi sexualidad, y sigue restaurando mis emociones y mis pensamientos, hasta que llegue a su presencia.

Este año voy hacia mis once años de casada con un hombre que ama a Dios, como se lo pedí a Él. No es un matrimonio perfecto, pero somos dos hijos de Dios que queremos servirle, hasta llegar a su presencia.

Lo hacemos por agradecimiento a la redención, restauración y rescate que ha hecho a nuestras vidas. Nos sentimos bendecidos y privilegiados de haber sido llamados y escogidos para su obra en la Tierra.

Quiero compartir con ustedes momentos de mi vida en los que Dios me ha hablado, tanto audiblemente, como a mi corazón. La primera vez que escuché la voz de Dios, conscientemente, fue a mis veinte años, cuando estaba en Canadá estudiando inglés y sentía que no aprendía nada; y me dijo, con una voz suave y fuerte a la vez, profunda y determinada: *"You have to work to be successful, you have to be patient to be successful"*.

Estoy segura de que esa no fue la primera vez. Dios me mostró muchas cosas desde mis catorce años, pero no las entendía. Ahora las puedo comprender.

Después de recibir a Cristo en momentos de dificultad, adversidad y soledad, me ha dicho frases como:

- "Entra en el gozo de tu Señor".
- "Eres muy especial para mí".
- "Siempre habrá bendiciones en el desierto".
- "Confía en mí, que estoy contigo".

- Mateo 6:6; Mateo 7:7; Isaías 66:6; Filipenses 4; Romanos 12;2; Romanos 8.28; Salmos 1... etc.

No dejes de buscar a Dios y su presencia. Solo necesitas aprender a derramar tu corazón con toda honestidad, confesar tu pecado y necesidades, que Él siempre responde en su tiempo. Él es nuestro liberador y sanador por excelencia.

(Este escrito fue usado como material para compartir mi testimonio personal en el Ministerio de Mujeres de la Iglesia Americana, que nos ordenó como pastores a mi esposo y a mí).

PR. ANA PATRICIA STUMPO DE MELÉNDEZ
ABRIL 2024

Nota final de la autora

(en referencia a algunas partes del libro y su origen o bibliografía)

II parte como psicóloga

Aunque hablo de la importancia de la ética y la responsabilidad profesional en esta parte, deseo aclarar que este libro no pretende ser un libro científico en el que encontrarán extensas bibliografías revisadas; es más bien un "ensayo", un testimonio donde comparto mis aprendizajes durante el ejercicio de la profesión.

Mi intención prinicipal ha sido compartir, con el lector, un mensaje de motivación, esperanza y conciencia, de permitirse buscar apoyo profesional cuando lo necesite como un elemento de crecimiento personal y emocional para su bienestar.

Cuando desee hablar de psicología como ciencia y compartir puntos de vista científicos acerca del tema, así lo haré. Tengo un profundo respeto por la profesión y por lo que representa para ayudar a otros a encontrarse a sí mismos y a sanarse emocionalmente.

Los acrósticos que aparecen en esta parte fueron de mi propia inspiración, a medida que escribía.

- TERAPEUTA
- CLIENTE
- PAREJA
- FAMILIA
- GRUPO
- PSICOLOGÍA

• **Concepto de "Nosotros" (página 75)**
  - https://etimologias.dechile.net/?nosotros

• **Todos los apartados que están en letra cursiva son reflexiones de mi inspiración y experiencia.** (Los quise resaltar de esa manera con la intención de hacer énfasis en los puntos e ideas que compartí, a lo largo de los procesos que fui explicando).

III parte como pastora

Los pasajes bíblicos fueron extraídos de https://www.biblegateway.com/ tomando la versión PDT (Palabra de Dios para Todos) y un pasaje de la versión NTV (Nueva Traducción Viviente).

- **Esquema, página 95**
  - El esquema de los 4 aspectos: fue extraído de un entrenamiento de liderazgo para plantación de iglesias, de la Iglesia del Pacto Evangélico, (International Covenant Church), Sede de Orlando, Florida. (2018)

- **Página 108** (en el libro está parafraseado)
  https://www.google.com/

  -¿Cuál es el deber de un profeta?
  El papel del profeta en la vida del pueblo de Dios era servir como portavoz o mediador de Dios. Los profetas comunicaron la voluntad de Dios al pueblo, los alentaron a la fidelidad y los llamaron al arrepentimiento cuando se alejaron de Dios.10 mar, 2021.

  - ¿Quién es un profeta?
  Estrictamente hablando, un profeta es alguien que sostiene haber tenido una experiencia personal de Dios recibiendo de Él la misión de comunicar sus revelaciones y, como consecuencia de ello, habla en su nombre a los seres humanos.

• **Página 113** *https://es.wikipedia.org/wiki/Ministro (cristianismo)*

• **Páginas 114 y 115**

Esquema de espíritu-alma-cuerpo

- Información obtenida en cursos de formación en la Iglesia Centro Cristiano Internacional (Barquisimeto, Venezuela, 2015).

Este libro, escrito desde mis tres voces,
se terminó de crear y diseñar
en agosto de 2024.